U0024207

…丁振宇 著

前言

微歷史也就是用「微博體」、Facebook的形式來記錄歷史。微博及Facebook的特點是短小、及時，適於傳播，近年來，微博和Facebook成爲國內最便捷的一種交流方式，對於記錄歷史來講，它同樣也是一個好工具。因爲當今社會生存競爭激烈，生活節奏奇快，人們沒有時間、沒有精力，也沒有耐心靜下心來閱讀冗長繁雜的歷史巨著來獲取知識，因而造成當下人們，尤其是年輕一代對歷史知識欠缺匱乏的窘況。

而《微歷史》的出現，除了「微時代」自身的推動之外，更多的是民眾自身的一種訴求。因爲它將微博體與歷史事實進行了有機的結合，在有限的字數裏以精當的內容濃縮精華，言簡意賅，字字珠璣。的確爲廣大讀者提供了一種解讀歷史的新可能性。無需非常集中的閱讀時間或持久專注，無需專門的歷史或理論素養，茶餘飯後，公車上，花費五分鐘翻閱一下，就會收穫良多。

漫長的春秋戰國時代有著無數精彩的歷史瞬間，秦國無疑是這一歷史進程中的一枝奇葩，秦國的崛起之路、始皇帝的卓越成就等等，都給後人留下了無盡的歷史思考。

在始皇帝建立起統一的封建王朝之前，雖然也曾經存在過夏、商、周等相對統一的國家，但是不論從民族形態、政治結構，還是社會經濟形式來看，都不是真正意義上的統一，更沒有形成封建專制主義的中央集權國家，從而限制了無限蓬勃的生產力發展。應該說秦國統一中國，是順應了歷史發展的規律，而中華帝國的形成，就是從千古一帝的秦始皇開始的。中國自秦始皇始，長達兩千年的封建帝制也確立下來，一直沿用到清代，在中國社會各個角落留下了深深的印記。

秦國所走過的精彩歷程已經永遠成爲歷史，而且秦國的成功模式永遠不能重新複製。但我們可以通過一種特殊的方式去回味歷史中的經典，本書就是以「微博體」的筆觸，用詼諧幽默的現代語言，爲我們回顧自商鞅變法那一刻起，直至秦國滅亡的那段歷史，重溫那些或悲或喜、或驚或憂、或輕鬆或沉重的歷史片段，感受歷史的豐滿和厚重。

最初秦國是非常落後的一個小諸侯國，從秦國秦孝公開始施行商鞅變法以後才逐漸露出大國的尖角。秦國自惠文王之後的君主，都具有科學的發展觀和可持續發展的頭腦，都保持著居安思危的清醒和順應歷史潮流的睿智，最終在幾代君主的持續努力

下，實現了中華民族的第一次真正統一。在這個艱難的過程中，湧現出了秦惠文王、昭襄王、莊襄王、始皇帝嬴政等無數賢明國君，也顯露出了諸如范雎、李斯、韓非、呂不韋、蒙恬等無數改變歷史進程的風流人物。他們的理想，他們的言行，他們超級生猛的勇氣，都給我們留下深深的印象。

秦國的興衰歷程雖然短暫，但充滿了智慧和勇氣，在那個風雲變幻的年代裏，秦國的肩頭上承載了從半奴隸半封建社會到封建社會的歷史性轉變的過渡任務，雖然過程複雜混亂，脈絡卻很清晰明瞭。

本書以短憶長，短短百字，卻蘊含了一段段歷史。奇聞軼事、露骨風情、市井流民……那樣的年代，那樣一群人，有血有肉，是一群有理想、不失硬朗與趣味的人。圍繞著他們的是一幕幕鮮爲人知的傳奇秩事，通過本書將在歷史完整的記憶中生動再現。語言風趣、引人入勝，但絕非八卦胡謅、無中生有。你只需在茶餘飯後、車上花費幾分鐘時間，就能撫摸到秦國的風骨、歷史的珠璣，對歷史有一個活潑而真實的瞭解。

版下乃歷史

秦朝其實很有趣

目錄

CONTENTS

第一章

秦起始篇

沒有人能隨隨便便成功

自作自受的人

大秦帝國是中國封建社會的開始，而大秦的首任CEO秦始皇嬴政，更是聞名整個世界的超級歷史明星，每個人心中都有探究明星隱私的欲望，要想瞭解秦國這個新興封建制公司，瞭解大秦董事長嬴政和大秦公司的故事，讓我們追根溯源，從他的先輩秦孝公說起。

五好青年商鞅可不是一般人，他可是道道地地的官二代，原名衛鞅，爲衛國公族之後，後來被秦孝公封於商，後人稱之爲商鞅。

雖說商鞅不是窮苦出身的孩子，但他從小志向遠大，雖然家世顯赫衣食無憂，他仍然堅持聞雞起舞，苦讀聖賢書，最終他修成正果，成了戰國時期政治家，思想家，著名的法家代表人物。

商鞅以當時的超級名人李悝、吳起爲偶像，學習勁頭十足，尤其對法學抱有濃厚的興趣，博覽群書、博採眾長，然後又以爲魏國總理公叔坐爲導師，到魏國學習，在公叔坐的教導下，商鞅很上道，專業知識很扎實，經常得到老師各種場合的表揚。商鞅這樣的學習精神，爲他以後和秦孝公的親密合作打下了理論基礎。

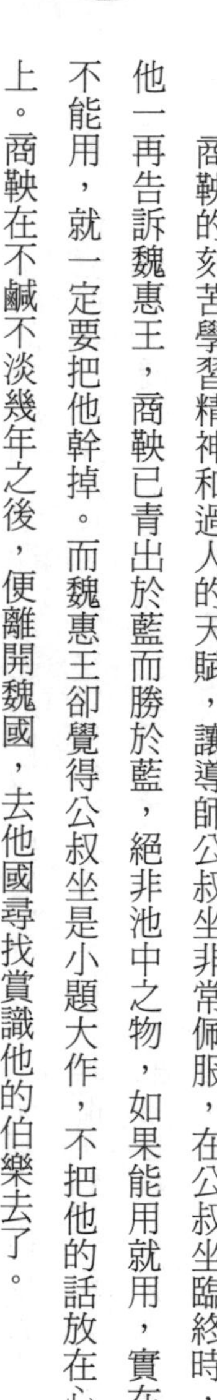

商鞅的刻苦學習精神和過人的天賦，讓導師公叔坐非常佩服，在公叔坐臨終時，他一再告訴魏惠王，商鞅已青出於藍而勝於藍，絕非池中之物，如果能用就用，實在不能用，就一定要把他幹掉。而魏惠王卻覺得公叔坐是小題大作，不把他的話放在心上。商鞅在不鹹不淡幾年之後，便離開魏國，去他國尋找賞識他的伯樂去了。

自古有大志者心心相通，商鞅在尋找伯樂，此時，秦孝公恰好也在尋找千里馬，商鞅便毛遂自薦，一番互相交流之後，秦孝公對商鞅驚爲天人，認爲此人就是自己夢裏尋找千百度的千里馬，決定讓商鞅在自己團隊中試用，經過短期磨合之後，秦孝公與商鞅抱定了共同志願，爲了秦國的繁榮富強，決定奉獻自己的青春與鮮血。

秦孝公是個具有民主意識的老闆，他有著獨特的團隊管理理念：團隊中如果有重要決策的時候，員工們可以各抒己見。在一次高層會議上，商鞅抓住機會，提出要重新制定新的規章制度。由於商鞅提出的內容太過生猛，許多改革都觸及到了上層的核心利益，這下可炸開了鍋，各種元老級人物都出來反對。

商鞅很清楚，不管誰反對自己的新政都沒有用，只要老闆秦孝公同意就行。果然，商鞅的新政很快得到秦孝公的同意批示，商鞅變法正式拉開序幕。

爲了彰顯新制度的確立和自己的威望，商鞅在公司南門立了根木頭，貼了個告示說，誰要是把木頭扛到南門，就能領到現金獎勵，結果有個老實人這樣做了，真的得到了獎勵。

商鞅立木賞金的消息，通過各種宣傳管道很快傳遍五湖四海，人們在對那個一木暴富的老實人羨慕嫉妒恨的同時，也看到了商鞅的信用和決心，於是乎，全國上下都在流傳一句話：商鞅是個有信用的人，跟著商鞅走，日子越過越富有。於是朝廷的信用很快就建立起來了，局面一片大好，商鞅知道，自己新政的時機成熟了。

商鞅雖然生活在古代，但卻是現代物權法的開創者，他爲了穩定民心，發展地主經濟，新官上任三把火中的第一把火，就是承認土地私有，允許自由買賣。雖然這個規定使中國徹底形成了地主與佃戶的剝削和被剝削關係，但從法律上維護了封建土地私有制，穩定了國家的根本，有利於國家的發展和經濟的提高。

其實商鞅還是現代企業分配制度的創立者，他在新政中還規定獎勵耕織，獎勵耕織就是典型的多勞多得的分配雛形，他結合當時的生產狀況，制定了一家一戶生產糧食布帛的標準，凡是超過標準的，免去其本身的徭役。只要肯幹多幹，不但自己有吃有穿，還能免除徭役，傻子都會努力幹活。這樣一來，農業生產得到發展。

戰國時代，戰事頻繁，國家經濟實力不但要提高，軍事實力也得有絕對的發言權才行，於是商鞅又制定了獎勵軍功的措施，只要在前線斬得敵人首級多，將士的軍功就大，國家按照軍功大小封官賞地，哪怕是貴族，沒有立軍功的就沒有爵位，不能享

受特權。這爲了自己和子孫的幸福，將士們都勇敢戰鬥，秦軍的戰鬥力加強。

要說商鞅還這是個全能型的天才，他不但在搞活經濟和讓士兵爲國家買賣方面想出了絕佳的點子，而且在國家行政機構改革方面也有著自己的心得體會，他最著名的舉措，就是普遍推行縣制，具體做法就是由國君直接派官治理縣，使縣成爲直屬於國君的地方組織，當然縣長也直接由國君領導，從而加強了中央集權。

商鞅是當時著名的思想家和和學術帶頭人，但從後來看，他不是一個成熟的政治家，他的這些新政爲國家的發展的確做出了不可磨滅的貢獻，但他卻沒有想到，他的這些做法嚴重阻礙了那些貴族和舊勢力的作威作福、不勞而獲，他們在心裏恨透了商鞅，這也可以理解，砸了別人飯碗，任誰都有拼命的衝動。

作爲純粹的國家利益的擁護者，商鞅在秦孝公的關注下，風雨無阻的推行自己的變法，很有成效，但人生自古誰無死，秦孝公也不例外，西元前三三八年，秦孝公掛了，惠文王即位，正所謂一朝天子一朝臣，失去了後台的商鞅，很快就受到舊貴族的攻擊，商鞅的好日子也到頭了，公子虔拿出若干證據，告商鞅謀反。

商鞅得到自己被陷害的訊息後，雖然知道自己是被冤枉的，但他沒有主動辯解，便立刻動身逃到別國，逃亡途中的一個傍晚，他想找個旅社住下，但旅社老闆卻告訴他，商鞅規定必須出示身分證才能入住，否則有罪，這就是成語「作法自斃」的典故，令此時的商鞅一陣嘆息。

逃難中的商鞅想逃往魏國尋求政治庇護，但是因爲他曾率領秦軍攻打過魏國，魏國一直對他恨得咬牙切齒，所以被拒之門外，無奈之下，商鞅只好重返商地，惠王派重兵進攻商地。商鞅雖率人進行抵抗，終因眾寡懸殊而失敗。商鞅被殺於鄭黽池，其屍體被帶回秦國，後經審判被處以車裂之刑。

舌頭的功能

商鞅死後，雖然那些痛恨他的人依然在公開場合罵他，但他創造的秦國的新制度並沒有改變，那些公司的老古董們也漸漸習慣了這種制度，畢竟這種新的制度也實行了一二十年，已經深入人心；再則，人已經被他們逼死，他們也沒有必要再糾結於這種新的制度，何況，這種制度也確實令公司大展宏圖。

秦國通過檢視自身的不足與缺點，堅持缺啥補啥，養成了良好的生活習慣，全國人民通過做戰國第九套廣播體操，打戰國式太極拳強身健體；更讀書看報上網看新聞，瞭解國際金融動態，儲備了很多金銀財寶，成了戰國的暴發戶。

魏、趙等國看到了秦國的股票一路飆紅進而漲停的勢頭，心生嫉妒，便商量著幾

個企業聯合上市，想通過商業手段對秦國進行制裁，不能令秦國一家獨大，但這幾家公司明著是聯手合作，其實是各個心懷鬼胎，另有所圖，導致了他們最終遭遇債務危機，進而倒閉的結果。

趙國和魏國以秦國強盛爲榜樣，也有模有樣地組建起合資公司，但由於趙魏公司都想成爲最大的控股者，所以在這樣的情況下，公司各大董事內部爭鬥不斷，關係分分合合，合合分分。

合縱的最早發起人公孫衍與連橫的代表人物張儀，恰好同爲一國人，看來這種「既生瑜，何生亮」的故事，並不單單發生在三國時代，公孫衍本來是秦國總理，好景不長，秦惠文王撤去公孫衍的職位，給張儀來當，從此公孫衍與張儀結下梁子，返魏後，魏王念及好歹是本國人的情義，讓公孫衍出任魏國總理。

秦、齊、楚結成協約國的同時，魏、韓、趙、燕、中山五國結成軍事同盟國，互相承認主權，互相尊重領土完整，互不侵犯內政，史稱「五國相王」。五國結盟後，齊國開始擔心五國的強大對自己不利。其實齊國完全不用擔心，烏合之眾，人再多也是烏合之眾。不過齊國這種生於憂患的精神值得褒獎。

齊國認爲中山國地盤太小，不能稱王。中山王膽小如鼠，趕快令自己手下張登帶著現金，向齊國權臣田嬰求情。田嬰拿別人的手短，就同意中山國稱王，同時，張登又去遊說趙魏兩國，也是金鐲子、金鏈子一堆，沒辦法，人在江湖混，不使點買路錢是不行的。

齊國一直通過各種陰謀詭計想破壞敵方同盟國都沒有得手，楚國一招就把他們的金鐘罩給破了，楚國不像齊國那樣以爲耍點小聰明就行，直接派了幾個師的特種兵攻打魏國，就把魏軍打得丟盔卸甲，接連損失好多地盤。搞得魏惠王苦不堪言，大腦失靈，轉而聽信張儀的話。

要說張儀這廝肯定是買了《不可能的任務》在家偷偷看了，他對無間道中的一套早已熟記在心，因此把魏惠王忽悠得迷三倒四，真把他自己當成一代明主，於是他讓張儀出任魏國總理，又把公孫衍趕跑了。公孫衍這孩子真是苦命，連著兩次被張儀把職位給搶了。

張儀在魏國大展忽悠之術，最後搞定了魏惠王，搶了公孫衍的飯碗，讓公孫衍很受傷，但他也不是吃素的，跑到各國宣傳張儀的卑鄙醜陋行徑，四處張貼「張儀是間諜」的小廣告。而秦國的強大也令其他國擔心，紛紛跳出來挺公孫衍，竟然有五個國家聘公孫衍爲總理。

西元前三一八年，魏、趙、韓、燕、楚五國組建部隊聯合攻秦，然而可笑的是，到最後實際參與交戰的，只有魏、趙、韓三國，三個國家的蝦兵蟹將剛到函谷關，就

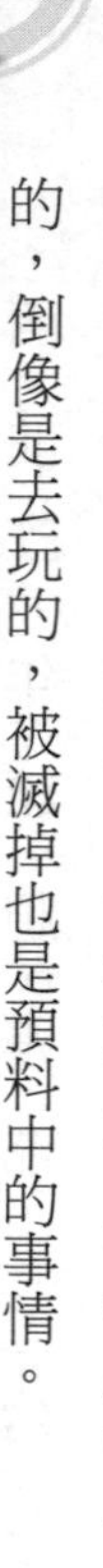

被秦國打敗。次年再戰，又敗於修魚，被殺八萬，可憐的魏趙韓三國，不像是打仗的，倒像是去玩的，被滅掉也是預料中的事情。

張儀在楚國還是個小人物時，一次，楚國的精品展銷會上要展出和氏璧供賓客參觀，正當賓客傳看時，一不留神，卻發現寶貝不見了（這絕對是劉謙給變走了），而楚國國務卿昭陽懷疑是張儀偷的，把他打得遍體鱗傷。被抬回家後，他不顧傷勢，先讓妻子檢查還有沒有舌頭，留得舌頭在，不怕沒人愛啊。

五國伐秦時，張儀去楚國忽悠懷王，只要楚國與齊國決裂，就割給楚國六百里地，銀票美女更是不在話下。楚懷王本來就是愛占點小便宜的人，一聽張儀忽悠，覺得這買賣划算，有地有錢，人財兼得，這種好事打著燈籠都沒處找，卻自動送上門來，這便宜簡直來得太容易了，隨即不顧陳軫的反對，立馬同意。

要說楚懷王消息實在太封閉，不看報不上網的他哪裡知道，張儀有個外號叫「大嘴巴」，聽他的話，不被坑才怪。當懷王被告知割地只有六里時，大叫一聲：逗我玩呢！他現在才知道，天下沒有免費的午餐，是再簡單不過的道理了。

正所謂笨人不服自己笨，過於實誠的楚懷王被張儀呼嚨之後還不老實，驢子脾氣上來，一怒之下，不顧眾人反對，便要舉全國之力攻打秦國，懷王沒有掂量掂量自己幾斤幾兩，結果只有自己抱撼終生。

當各國都已稱王的時候，一向自以爲世界警察級國家的秦國，覺得沒意思了，「都是王，沒意思，我要稱帝。」但又害怕天下人反對，便拉攏齊國一塊稱帝，遭罵也要拉個伴。

齊秦稱帝（齊秦是兩個國家，不是唱歌的那個）以後，便商量著侵略趙國，想對其進行瓜分，可見凡事都是有目的的，看看齊秦稱帝的鬧劇就什麼都明白了。

蘇秦是燕國謀士，而燕國與趙國相鄰，秦齊攻趙勢必對燕國不利。因此，蘇秦去遊說齊王，給齊王表演了一段即興饒舌：「立兩帝，是尊秦，還是齊；不立帝，是愛秦，是愛齊……」一段Rap之後，齊王便暈了，聽從蘇秦建議不再稱帝。齊國不稱帝，秦國不能冒天下之大不韙再玩下去了，索性也不玩了，繼續稱王。

蘇秦自從規勸齊王一朝得手，便乘勝追擊，得意洋洋的又攛掇了四個國家連帶燕國一塊去攻打秦國，五國聯軍在韓國滎陽駐紮下來，天天吃飯，唱歌跳舞，就是不去攻打秦國，好像這群人不是來打仗的，是來野餐的，烏合之眾的結果可想而知，最終只能無功而返。

在這個戰火紛飛的年代，雖然齊、楚、燕、趙等國時而相互聯合攻秦，卻讓秦國在戰火中發展壯大，最終憑藉自身強大的抗擊打能力和絕世的攻擊性武功統一六國。這揭示了一個道理：自己的強大不能完全靠別人的幫扶和投機倒把，自力更生才是王道。

要說戰國這個稱呼，歷史學家起得還真是經典，它不僅僅代表了戰國這個歷史時期，更是向歷史文盲們直白了戰國就是指那些天天打來打去的國家。

齊、楚、燕、韓、趙、魏、秦被稱爲——「戰國七雄」。據有關人士統計，戰國時期軍隊五百萬，總人口兩千萬，考慮到女性減去一半，孩子老人再減去一半，最終得出一個令人恐怖的結論：只要是能拿動斧鉞鉤叉的男性都是兵，即全民皆兵。

戰國時期持續了差不多一百年，和秦國有關的戰爭，竟然有高達八十年的時間，實在是太頻繁了。不僅如此，戰國時代還推行恐怖主義，戰爭的殘酷性令人寒心，戰敗國動不動就會慘遭幾十萬人被坑殺。

燕國在噲當政時，噲把王位讓給總理子之。如果你認爲噲是像堯舜那樣，真心實意禪讓大位的，那就錯了，噲讓位時哭著說「其實不想走，其實還想留」，但大家都無法再忍受噲了，就連同情他一下也嫌多餘。子之當上一把手沒多久，國內就大亂，齊國趁機偷襲燕國，斬殺了噲，並把子之剁成了肉醬。

齊國實行國家恐怖主義，公然在廣場對燕國大臣施行碎屍，他們的殘暴令燕國人民不忿，加之各諸侯國的干預，各大報紙頭版都刊登了齊國的虐囚事件，齊國受不了輿論的壓力，將燕公子職送回燕國，立爲燕昭王。燕昭王築高臺、裝黃金，名爲「黃金台」。那年頭，誰跟黃金有仇？所以天下賢士爭相進駐燕國。

正所謂：三十年河東，三十年河西。出來混遲早要還的，還不到三十年，燕昭王憑著二十八年的拼命三郎精神，覺得燕國一雪前恥的時機到了，便派人去列國忽悠，最後終於聯合韓、趙、魏、秦四國攻齊，經過半年的瘋狂拼殺，燕國暴走，弄得齊國只剩兩城，莒和即墨。

所有人都認爲齊國將要從地球上消失了。但是，天不亡齊，給齊國送來了救星，齊國人永遠都不會忘記的救世主田單，出現在眾人面前。

西元前二七九年，齊國總理田單找到了機會，當年燕昭王去了上帝那兒彙報五國攻齊，卻再也沒有返回，惠王無奈接班。惠王與樂毅有嫌隙，田單聽說後，略施小計，就讓惠王把樂毅給辭了。少了樂毅等於少了三個師，還怕個什麼。但爲了保險起見，田單還是對僅存的兩城將士進行洗腦，要破釜沉舟，背水一戰。

在田單的鼓勵之下，齊國上下群情激奮，田單看到時機成熟，就召集了一千多頭牛，在牛身上畫上迷彩，牛角上綁上尖刀，並在牛尾上點火，可憐的牛疼痛難忍，發足狂奔，衝入敵陣，接著，五千牛仔也奔入敵陣，狂殺亂砍，大敗燕軍。齊軍趁勝追擊，淪陷七十餘城盡皆收復。

戰國後期，惟一能與秦國抗衡的就是趙國了，西元前二七〇年，秦國欺負趙國，趙國派出大將趙奢迎戰，趙奢很刁鑽狡猾，假裝不敢與秦抗衡，放風出去說「我趙奢好怕秦國啊」，秦軍聽到後信以爲真，開始出擊，其實趙奢早就依托有利地形進行排兵佈陣，秦軍一來，就被趙奢收進了口袋，此役秦軍遭受重創。

Q 誰是接班人

讓我們拋開戰爭的紛亂回到秦國首都，西元前二六七年一天，時任秦國boss的秦昭襄王，由大臣陪同坐在一間靈堂裏嚎啕大哭。

他的確表現得很傷心，因爲他的弟弟死在了魏國。而他弟弟的死，是秦昭襄王一手導演策劃的（早就有人懷疑了），他非常清楚這會兒一定要做出誇張的表演，淚水越多，就等於告訴越多的人，他不是兇手。

秦昭襄王在弟弟靈前大哭，陪同的大臣也都淚如雨下，痛苦之情難以言表，有的甚至捶胸頓足以表悲痛。畢竟老闆的弟弟殉職，不看他的面子，也要考慮一下老闆的感受，再說，大家都聽說了老闆弟弟公子市的死，是老闆花費五百萬現金才實現的，這時陪老闆大哭只是和老闆站在一條戰線上的方式而已。

秦昭襄王作爲大秦公司的領導，整天煩惱多多，這次安排弟弟到陰曹地府去單程旅遊的事，人們大可不必因爲他們兄弟相殘而對他產生不好的印象。秦昭襄王這樣做，實在是不得已而爲之。「其實我也是有苦衷滴」，每每想到這些，他都情不自禁地唱起來：「你們永遠不懂我傷悲，就像白天不懂夜的黑。」

秦昭襄王接替父親成爲法人代表後，得意洋洋的他才發現，母親宣太后是個很難越過的關卡，老太太是個權力欲望很強的女人，平時第一願望就是實行「垂簾聽政」，做幕後老闆，不讓秦昭襄王掌權，況且老太太在當時的高層領導中很有發言權，雖然沒有經過法律認可，但她確實是大秦公司真正的領導者。

秦昭襄王知道自己沒有實權之後很生氣，但沒發作，因爲他知道自己畢竟是新手上路，經驗不足，最終總能等到新舊班子平穩過渡的那一天。但慢慢他發現，老太太似乎對權力上癮了，她雖不是做政治家的材料，卻把秦國的王位當成了哄孩子開心的玩具，這讓他感到心裏十分不是味道。

歷史上，王位傳續是非常嚴肅而科學的，一般是按照「父死子繼、無子弟承」的傳統進行的。可是昭襄王卻聽說宣太后濫用職權，不顧及襄王兒子的感受，強行發明了兄弟傳續理論，她讓二兒子公子市作了大秦公司的第一順位繼承人，等著接替秦昭襄王的位置。秦昭襄王直接暈了。

自古以來，所有帝王都把王位看做自己的不可分割的私有財產，爲了確保能自然

死亡，他們對繼承人更是重視。秦昭襄王的母親要把他弟弟市強行作爲第一繼承人，昭襄王當然不幹了。雖說親弟弟也不是外人，而且兄弟國家也有兄弟之間傳續的例子，可秦昭襄王態度堅決：不行。

秦昭襄王嬴稷因爲繼承人問題和母親翻了臉，大臣們也議論紛紛。嬴稷覺得很鬱悶，氣得一個人在房間大吼發洩。要知道我和母親宣太后翻臉不僅是爲我兒子打抱不平，而且還牽涉著國家的永續發展問題，可這是自家的隱私，事關老媽緋聞，怎能向你們這些大臣爆料呢！

秦昭襄王剛剛登基的時候，西北的友好鄰邦「義渠」對秦國產生了興趣，「義渠」本來是游牧民族，想改變自己單一的經濟模式，嘗試進行改革。本著共同富裕的原則，「義渠」決定要求富裕的鄰居秦國贊助物資，而且向秦國傳話：如果秦國嫌物流費用太高，「義渠」可以派精兵強行去拿。

秦國聽說友好鄰邦「義渠」準備派精兵搶劫自己，掌門人秦昭襄王亂了方寸，他想打出「我爹是秦王」的標語嚇唬一下這個鄰居，卻發現毫無意義，面對居心叵測又實力強大的番邦蠻夷，秦國想對抗卻又是心有餘而力不足。是戰，還是和，這個問題，秦昭襄王一籌莫展，看來戰爭與和平真是只隔一線呀！

面對鄰居「義渠」的不友好舉動，秦昭襄王大費腦筋，失眠了很多天，還是母親心疼兒子，他老媽宣太后看到兒子如此痛苦，於是一咬牙告訴他，面對強敵無須煩惱，自己有辦法解決。昭襄王非常高興，看來上陣還得母子兵呀！激動地問母親有何良策，能退掉敵兵嗎？母親自信地說：我能！

宣太后決定憑藉自己的能力去解決國際爭端後，馬上開始行動起來，要說她還真是巾幗不讓鬚眉，在瞞著眾人的前提下，巧妙找到合適管道，憑借自己的獨特魅力，和「義渠」老總對上了眼，直接採用「懷柔政策」（懷裏的溫柔），最終才挽救秦國於水火之中。

爲了國家和民族的利益，秦國宣太后忍辱負重，和「義渠」老總相好達三十年之久，終於解決了「義渠」的侵略之憂，也等來了秦國的強大。爲了徹底拋棄力不從心的義渠老總，也爲了給自己樹立「貞節太后」的牌坊。她先殺死了情夫，又派兵把「義渠」給滅了。

儘管宣太后三十年後及時剎車，爲這段不倫之戀劃上了一個圓滿的句號，但她那段風流往事，卻留下了兩個有血有肉的紀念品，兒子公子市就是其中之一。

要想人不知，除非己莫爲，宣太后和義渠老闆的風流故事很快傳遍後宮，雖然大家都不明說，但這樣的事，就如同放了一個響屁，既臭不可聞，又讓人討厭，放的人尷尬，聽的人噁心。秦國掌門昭襄王看到眾人的異樣目光，聽到眾人交頭接耳的議

論，及時掌握了動態，瞭解到了公子市的成分和出身。

他就算再窩囊，也不能容忍一個不明不白的「孽種」接掌秦國的王位，於是，他採取了靈活機動的戰略戰術，因此公子市沒有等來王位，卻等來了靈位。

大秦公司的第一順位繼承人公子市死了，他的死對整個公司來說是不能承受之重。全體工作人員都陷入巨大悲痛之中。然而，有一個人此時此刻卻「雞凍」不已，就是現任老闆秦昭襄王的兒子，剛剛被「平反」的安國君。

看來機會並不都是留給了有準備的人，叔叔死了，安國君像中大獎一樣，成了新的太子。

世界上最寬廣的絕對是男人的情懷，在奏著哀樂的靈堂內，現任第一繼承人安國君面露哀傷，內心喜悅地思考王位繼承問題，他不好意思的看了看他親愛的爸爸，領袖接班人的位置空了，自己成了大秦帝國合法的繼任老闆。如果叔叔死了他還不高興，他就搞不懂誰死的時候才應該高興了。

世界上的事往往是有人歡喜有人憂，安國君高興了，因為他成了大秦帝國合法的繼任老闆，但他的兒子嬴異人卻在持續的悲傷著。雖然他有著富二代和官二代的雙重身分，嬴異人卻時刻被煩惱包圍著。他的煩惱就是他的父親安國君。

安國君成了太子，一向萎靡不振的他開始抖擻精神，奇蹟般地煥發出了生命的第二春，一躍成了王室中的風流浪子。他本身就是個見了女人管不住自己褲腰帶的主，很快，他的私生活就成了狗仔隊追逐的熱門新聞。

安國君不辭辛勞的耕耘，收穫了幾十個後代，使有資格成爲帝國合法繼承人的人大大的增加，人在江湖身不由己，作爲王二代更是如此。政治是殘酷的，競爭是難免的，雖然機會只有幾十分之一。競爭的激烈，讓嬴異人從出生開始，就不由自主的捲進了這場你死我活的兄弟內部矛盾當中。

嬴異人時常哀嘆：何必生在帝王家呀！王二代的成長過程，就是一部兄弟之間不正當競爭的血淚史。縱使嬴異人不去招惹別人，別人也不會放過他。如果能爭得嬴倒還罷了，關鍵是他總成爲兄弟鬥爭的失敗者。分析失敗原因不是他的智商問題，而是後臺不硬，成了他的致命傷。

據有關部門統計，世界上最強的風不是十二級颱風，而是溫柔女人的枕邊風。作爲女人，都精通要脅男人的手段，而嬴異人的母親夏姬卻成了一個十足的黃臉婆，已經失去了對老公安國君施展這些手段的機會。老媽幫不了他，其他得寵的女人更不會狗拿耗子多管閒事，嬴異人在爭寵的道路上那真叫一個難。

對王族的大批後備幹部來說，得不到一個合適的位置是他們莫大的痛苦。姥姥不疼，舅舅不愛，按照這個情況發展下去，嬴異人的未來看不到任何希望。所以他整日

吟詠：我的未來不是夢！可他能擺脫這種毫無希望的生活嗎？

或許嬴異人的誠心感動了迷路的神佛，他的命運在兩個人物出現之後終於出現轉折。

這兩個人，一個叫范睢，另一個叫呂不韋，本來這兩個人和嬴異人完全是兩條平行線上的陌路人，但因爲他們的出現，徹底改變了嬴異人的命運，也改變了中國的命運。

魏國人范睢很有辯才，念書時期就拿過辯論大賽第一名，無奈出身低微，在特別注重出身門第的戰國時代，他空懷一腔報國熱情，卻不能如願以償，只好寄宿於魏國官員須賈的門下，做起幫閒門客。

一次，范睢隨須賈到齊國考察，齊國國君齊襄王看他挺有才幹，就對他進行了精神獎勵，但卻沒有理會須賈。須賈是一個嫉賢妒能之輩，回到魏國後，到魏王那煽風點火，污蔑范睢通敵叛國。魏王偏聽，令人狠狠的把范睢揍了一頓，打到多處骨折，牙齒也掉了。范睢爲了生存，只好裝死。

范睢一生充滿了傳奇和莫名其妙，他本來是魏國大夫須賈的幫閒人員，日子過得很悠閒，一次偶然的機會隨須賈出使齊國。齊王感覺到范睢是個人才，就想通過高薪聘請，挖魏國的牆角，讓范雎跳槽。可當時的范雎是個不折不扣的老實人，他抵擋住了高薪的誘惑，拒絕了齊王的高薪聘請，得到了齊王的敬佩，卻在回國後遭到了祖國丞相魏齊妒忌。

這也可以理解，范雎作爲一個布衣出身的家臣，居然比丞相情操還高，讓魏齊覺得很沒有面子，感到十分不爽。結果可想而知，范雎得到了齊王的賞識，卻招來了禍端，這件事徹底改變了他的性格和人生觀。他決定通過其他途徑，扭轉這種對自己不利的局面。

由於忠於祖國，范雎被丞相嫉妒、定了罪，挨了打，等謝了丞相不殺之恩後，丞相魏齊充分發揚了人道主義精神，讓人把范雎抬到廁所裏去養傷。范雎通過行賄看守，才合法申報了個死亡證明，終於死裏逃生。廁所特有的天地混沌之氣，有讓人脫胎換骨的功效，讓范雎下決心這輩子再也不當好人了。

被逼無奈決定離國出走的范雎，仔細分析了形勢，縱觀世界大勢，唯有秦國最強，范雎決定到秦國去碰碰運氣。

范雎有一個叫鄭安平的哥們十分仗義，聽說秦國大臣王稽來魏國訪問，順便想挖魏國的牆腳，招聘幾個人才，於是就向王稽推薦了范雎，二人見面後，范雎展開自己的優勢宣傳，就通過了王稽的面試。

王稽聽了范睢的高談闊論之後，對范睢非常欣賞，險些把頭給扭了，就帶著范睢偷渡到秦國。到海關安檢時碰到穰侯，穰侯可是鐵面無情的海關執法人員，范睢嚇得一直躲在車內，所幸沒被發現，成功偷渡到秦國。

王稽把偷渡客范睢引薦給秦國總統，秦國總統覺得這種整天愛吹牛皮的人多了去了，就沒理會范睢。幾個月後，范睢聽說穰侯要出去打仗，就給秦王發了個電子郵件：「如果我一句話沒有用，你就用斧子把我咯嚓了。」秦昭王感覺這個傢伙有點意思，就派人接見他。

要說范睢真是有兩把刷子，透過他在秦國內部的摸底排查，早已得知秦昭王實際上有名無權，典型傀儡一個，所以一進殿就嚷嚷著說：秦國怎麼會有王啊，秦國只有宣太后和穰侯啊！這句話，無疑像一把剪刀戳中了昭王的心窩，昭王聽了心裏直嘆無奈，也對范睢有了新的看法。

古人云：家家有本難念的經。秦昭王作爲帝王也未能逃脫這一歷史規律，在秦昭王家的難念經是：他雖身爲一國之君，國家大權卻握在母親和舅舅手裏，宣太后和穰侯把持朝綱，嫉賢妒能，把朝堂弄得是烏煙瘴氣。昭王有氣沒處撒，只因虎符在別家，一朝得了范丞相，從此不再是黃花。

范睢的話令昭王句句中槍，對范睢拜服不已。

范睢看昭王被忽悠得一塌糊塗，便想：如果要在秦國站穩腳跟，必須要清除異己，於是對昭王說：「大王得天時地利人和，原本霸業可成，但是穰侯不爲大秦著想，導致了秦國的路線方針走錯，正所謂『一招失，滿盤輸』。」

范睢利用昭王的好奇心，先指出昭王計失，再循循善誘。結果昭王還真上鉤，追問：「怎麼個計策失當呢？」

范睢運用自己的嘴上功夫讓秦昭王一步步走進他設計的圈套裏，繼續說道：

「今日的秦國不去拿下自己附近的土地，反而去攻佔很遠的地方，穰侯是不是腦殘了？反正秦國準備一統天下，到時候全部是自己的土地，穰侯是不想讓秦國一統天下嗎？如果秦國想吞併所有的國家，必須採取遠交近攻的方略才可。」

是金子到哪都會發光，范睢來到秦國後，憑藉三寸不爛之舌，成功搞定了秦昭襄王。身價得到翻天覆地的變化，兩人組成了黃金搭檔，使秦國的生產力水準快速發展，國力不斷提高，漸漸地，范睢得到了昭王的信任，和昭王的關係也日益密切思密達。范睢覺得清除內部垃圾的時候到了，便伺機準備。

范睢到了秦國後，得到秦昭襄王的重用，其實是他點子比較正，當時大秦公司法人昭襄王的地位具備法律認可，但實際權力掌握在他老媽宣太后手中，雖然老媽也不是外人，但老媽的娘家人也不把自己當外人，把持了秦國的各個要職，把秦國當成了

他們的私有財產。秦昭襄王便決定利用范睢改變這種格局。

秦國政治集團中，外戚力量強大，其中穰侯魏冉是外戚集團中最活躍的分子，作爲昭襄王的親舅舅，他長期擔任秦國的總理，廣交朋友、獨佔國家行政資源，這還不夠，爲了照顧自己的私人財產，他多次擅自做主對外派駐軍隊，並讓國家埋單。這些擾亂國家秩序的行爲得到廣大民眾的一致反對。

作爲大秦公司的合法董事長，秦昭襄王內心非常鬱悶，國內事務中他沒有權威，也沒有發言權，外交事務他說了也不算數。作爲大秦最高的領導人，時刻有一種危機感，他必須組建自己的班底。這群人要絕對忠於王權，既不能跟原來的貴族勢力有內在聯繫，又要有跟權貴對抗的能力。

誰能做到這些？此時范睢跳出大吼一聲：我能！

有一天晚上，趁著夜深人靜，范睢開始了對秦昭王的洗腦工作，他對昭王說：聽說齊國只有孟嘗君，沒有齊王；而秦國也只有有太后、穰侯、華陽、高陵、涇陽，沒聽說有秦王。身爲一國之主，很多人竟然把你的話當放屁，我看這樣不太好，這樣的王還搞個屁啊！估計到時候秦國的姓氏也要被改掉了吧。

昭王聽得心驚膽戰，心想：是啊，我才是第一把手啊！真的王被你們這樣欺負，別老子不發威，當老子是病貓。

在范雎的幫助下，昭王便把他們一舉搞定，並讓范雎當了自己的副手——總經理。

范雎的這個總經理很盡心盡責，爲董事長省了不少事。范雎掌握大權後，秦國是內外開花。

爲了報答秦昭襄王的知遇之恩，也爲了實現自己的政治抱負和夢想。范雎拿出了自己多年來的研究成果，提出了一個政治策略——遠交近攻。

范雎爲國爲己提出了遠交近攻的戰略思想，得到了秦昭襄王的支持，卻被嬴異人罵了個半死。因爲在那個特殊的年代裏，兩個國家交朋友，都要交換特殊的信物——人質，以備日後翻臉也好有個發洩的對象，嬴異人作爲質子，光榮的成爲了赴趙使節團的一員，此時嬴異人感覺內心一陣空虛。

秦國採取遠交近攻手段，是一路高歌向東進發，看見誰打誰，誰不服打誰。結果韓國被層層剝落，終於全部歸秦國所有。韓國被滅後，趙國就成了下一個被宰割的物件，邊境摩擦不斷，最終趙國沒有抵擋住秦軍的猛烈攻擊，損失慘重。長平之戰，趙國士兵被秦將白起坑殺四十萬，趙國力量被大大的削弱。

嬴異人作爲質子去了趙國，內心始終惴惴不安，因爲趙國不僅是除秦國外的另一

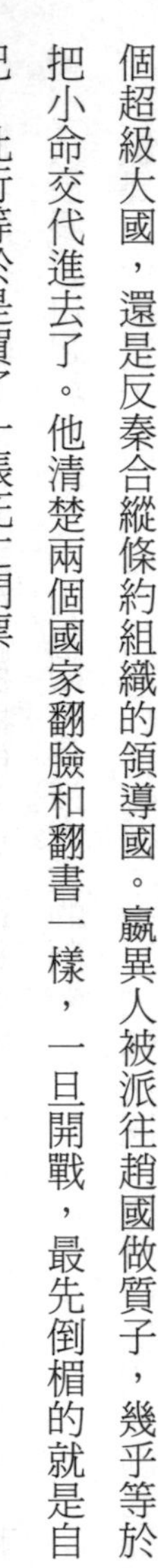

個超級大國，還是反秦合縱條約組織的領導國。嬴異人被派往趙國做質子，幾乎等於把小命交代進去了。他清楚兩個國家翻臉和翻書一樣，一旦開戰，最先倒楣的就是自己，此行等於是買了一張死亡門票。

嬴異人一直在爲去趙國做質子鬱悶著，也怪他思想太灰暗了點，其實質子的工作雖然危險，但風險和收益是成正比的，嬴異人如果能活著重返祖國的懷抱，那他就熬出頭了。不過嬴異人目前還沒有這種思想境界，他總認爲讓他作如此危險的事去換取希望，代價實在是太過昂貴了。

經過激烈的內心碰撞，嬴異人也想明白了一些現實，去趙國做質子既然無法抗拒，不如痛快接受。抱著聽天由命的思想，嬴異人唱著悲傷的流浪歌，踏上了去往邯鄲的道路。

然而，前半輩子都霉星高照的嬴異人哪裡會知道，趙國之旅終於迎來了屬於他的好日子。

嬴異人是個倒楣孩子，由於政治的原因，在趙國，別國質子都排斥他。還有一個原因，那就是自己是個窮光蛋。和別國的質子比起來，貧富差距太大了。作爲大使，身在國外代表了一個國家的門面。可嬴異人月薪少的可憐，甚至連基本的形象面子都無法滿足，自然沒有朋友了。

身處趙國做質子的嬴異人是個自尊心很強的人，他感覺堂堂大秦國質子老是跟著別人混吃混喝不是個事。身懷流離苦，恰逢浪蕩年。可俗話說「錢是王八蛋，沒錢不好辦」。嬴異人在秦國混不開，來了趙國又遭遇金融危機。因此每當夜深人靜的時候，他總是哀嘆：

「蒼天啊！大地啊！啥時好運輪到我呀。」

奇貨果然可居

今天的河南安陽是古代殷墟遺址。周朝伊始，此地稱爲衛國，戰國中期，衛國式微，漸漸變爲小國，然而，就是這個巴掌大的地方出現了很多人才，像軍區司令吳起、傑出辯才商鞅、商界泰斗呂不韋等。但衛國領袖昏庸腐敗，導致了這些優秀人才紛紛移民別國。

衛國首都濮陽，在當時是爲數不多的繁華大都市，地處中原，交通便利，陸路水路暢通無阻，因此也成就了很多的商人商販。就是這樣一個神奇的國度，造就了像呂不韋這樣的商界成功人士。

呂不韋是典型的富二代，雖說他家境很殷實，但他從不像其他富二代一樣只顧飆車泡妞，他有著別人沒有的理想與目標。呂不韋在社會這個大熔爐裏練就了一身本事，深諳逢迎之道，這成就了他的成功。

如果評選世界上最成功的商人，非呂不韋莫屬。呂不韋在當時世界大戰的背景下，生意仍然做得很大。據說他在齊國有企業壟斷鹽礦，在韓國有糧食基地，在魏國有鐵礦，在楚國有森林資源，在趙國有牧場，在燕國有藥材基地。多元化經營模式引領了世界商業模式的潮流。

戰國時期世界首富呂不韋在金錢遊戲中摸爬滾打，除了財富的積累，也讓他懂得了兩個道理：世上的錢是賺不完的，世上的錢也不是誰都能賺的。在這種理論指導下，他的商業團隊嚴格遵守低買高賣的原則，在世界各地，看見便宜的東西就買，有國家出高價就賣。這條最原始的買賣原則，讓他積累了原始資本。

在當時的大城市中，趙國的都城邯鄲遠比濮陽繁華昌盛。邯鄲城裏的各種商品與風俗習慣引領了當時社會的時尚，從邯鄲城裏走出的男子都是高富帥，而女子都是白富美，有些人甚至覺得邯鄲人走路的姿勢都如名模般優美，引來多國人士爭相模仿，結果就出現了「邯鄲學步」的歷史典故。

由於衛國國勢頹靡，呂不韋轉戰邯鄲、陽翟等地。一天，呂不韋悟到了他人生史上的玄機。

他興高采烈的衝進家裏問呂父：「在家種地修理地球能賺多少錢呢？」

呂父答：「十倍的價錢。」

呂不韋又問：「做生意投機倒把呢？」

呂父答：「百十來倍。」

呂不韋再次問道：「那如果我培養一個國王呢？」

呂父道：「無窮無盡。」

作爲一個生意人，呂不韋擁有聰慧的頭腦。他意識到種地和做小生意只能做到吃飽穿暖，顯然呂不韋的目標不是這些，他要得到無窮無盡的榮華富貴。呂不韋常在邯鄲經商，便看上了在趙國做人質的秦昭王孫子異人的商機。呂不韋認爲珍貴的貨物要先囤積起來，在他眼裏，異人就是最珍貴的貨物。這就是「奇貨可居」的故事。

呂不韋是個典型的唯利是圖的商人，連他拉關係的方式都充滿了投機取巧。他不顧年齡和代溝的限制，充分發揚公關高手的優勢，遊走在各國質子之中，和他們一起喝酒、泡湯、唱歌和進行各種「娛樂活動」，當然，每次搞完這些高消費的娛樂活動後，都是呂不韋買單，看到呂老闆這麼上路，質子們當然是有求必應了。

正所謂智者千慮必有一失，呂不韋低價購進大量的軍火，想賣給連年征戰的秦

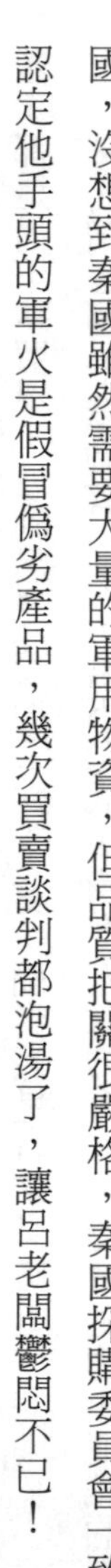

國，沒想到秦國雖然需要大量的軍用物資，但品質把關很嚴格，秦國採購委員會一致認定他手頭的軍火是假冒僞劣產品，幾次買賣談判都泡湯了，讓呂老闆鬱悶不已！

異人是太子安國君的庶子，其母不受寵，所以可憐的異人才被送往趙國做人質。而呂不韋卻以商人的敏銳嗅覺，嗅到了異人的可利用性，他決定將異人扶立成君王。於是開始和異人接觸。等到時機成熟，就向異人描繪美好前景，同時表示，雖然目前來看，異人當君王的希望是零，但他可以幫他操作成功。

內心碰撞產生的火花能激發深厚的友誼，愁容滿面的呂老闆和滿面愁容的嬴異人坐到了一個高規格小酒館裏，一起把酒敘愁腸。

看到嬴異人喝酒已經進入狀態，清醒的呂不韋訴說了自己的愁結所在。嬴異人也是老實人，立馬表態：大哥，你的事就是小弟的事，這件事包在我身上，沒問題。

呂老闆久闖江湖，他深知雖然得到了嬴異人的保證，替自己出頭辦事，但這是醉酒後的口頭約定，俗稱醉話，是不能算數的，更沒有法律效力。但呂老闆仍感欣慰，因爲他敏銳的感覺到，和嬴異人的這次飯局是歷史性的會晤，如果方法得當，自己和嬴異人應該能走進彼此的生命，到那時……

在歷史長河中，有頭有臉的達官顯貴是一群特殊的人物，呂不韋深諳此道，於是在趙都邯鄲達官顯貴聚集的「烏衣巷」內裝修了一座庭院，如果你身分夠高，被利用價值夠大，那麼你在這座庭院中，就可以享受到你作爲人所需要的一切。

呂老闆可是很注重利益的。他耗鉅資裝修的「紅樓」只對部分人免費開放，作爲呂不韋的公關機構，人性所有的欲望在這裏都能得到滿足。只有你想不出來的，沒有「紅樓」做不出來的。

呂不韋又一鼓作氣在各國的都城設立了「紅樓」連鎖店，使得他企業的效益成幾何倍數的增長。

被生活苦苦折磨的嬴異人有幸被邀到呂老闆的「紅樓」做客，內心有著陣陣的「雞動」，像呂不韋這樣的大人物能這麼看得起自己，真是太有面子了！

此刻，嬴異人正坐在「紅樓」最豪華的芙蓉廳內，享受著「葡萄美酒夜光杯，三陪美女一大堆」的生活。生活應該就是這個樣子嘛，嬴異人不住的感慨。

呂不韋應該在業餘時間專攻心理學，他對人性的把握已經到了爐火純青的地步，一次小小的宴請，就帶給了嬴公子久違的溫暖。

二人在一陣寒暄之後，呂不韋從嬴異人閃爍的目光中，看出了嬴異人的自卑和稚嫩。這正是他需要的嬴異人，一個即將被他控制的秦國質子。

通過對嬴公子的準確分析，呂不韋開始施展自己的外交套路，設定了「秦王養成計畫」。

他事先進行了詳盡的市場調查，從投資報酬率來看，秦昭襄王年事已高，離去陰間當王的時間不會太久。太子安國君日夜操勞某事，淘空了身體，一副短命相。如果把贏異人培養成秦國的元首接班人，他在秦國乃至世界呼風喚雨、無所不能，那是早晚的事。

一個人一旦具備了利用價值，那他就是搶手貨了。贏異人的價值在哪兒？升值潛力有多大？呂不韋腦袋裏盤算了三天之後，認定自己現在需要的是權勢，而贏異人缺乏的是機會，只要操作得當，他就是自己棄商從政的切入點，只要利用好了，不僅可以財源滾滾而來，還可以贏得政治地位。划算，簡直是太划算了！

戰國時期，商人的政治地位是最低的，呂不韋對通過培養贏異人能給自己帶來政治地位感到激動不已。此時，在趙都受盡了人們的仇視和冷漠的贏異人也感到這是給自己命運帶來轉機的機會。兩人思想產生了共鳴，許下了「苟秦王，勿相忘」的誓言，一個小型的利益合作社成立了。

呂不韋和贏異人結拜之際，秦國國內出現了一些對贏異人不利的情況，他爺爺秦昭襄王隨時都可能駕鶴西遊。秦昭襄王一死，安國君就會接班，按照憲法規定，接班之前要確立國家遺產繼承人，如果不能在安國君接班之前當上預備太子，那贏異人的政治生涯、呂不韋的權貴之夢會全部完蛋。

機會是給有準備的人預留的，爲了完成自己的「秦王培養計畫」，呂不韋給嬴異人制定了一個三年計畫，三年之內要做到秦國的順位繼承人。要做到這些，呂不韋轉行做了行銷策劃專家，決定從包裝嬴異人開始著手。

嬴異人爲了順利成爲大秦公司的第一順序繼承人，在呂老闆的協助下，一改往日的羞澀和自卑，開始廣結各國的高級領導幹部，構建龐大的人脈網路，造就他在趙國及秦國都很有市場的形象，充分利用輿論的影響力抬高自己，從而擴大自己的政治影響力。於是嬴異人的生活發生了翻天覆地的變化。

秦國從未想過給嬴異人撐門面，以前他是各國質子眼中的三級貧戶，現在有了呂不韋投資，嬴異人徹底揚眉吐氣起來，身上穿的，全部換成了世界名牌，交通工具也換成鍍金的寶馬，每次出門都前呼後擁。呂不韋用重金全新打造了嬴異人的形象。

形象工程只能造就虛假的外表，真正讓人感覺到觸動靈魂深處的改變，那是要給別人帶來實實在在的實惠。呂老闆當然明白這一點，於是，他又用嬴異人的名義到處送禮，並做出了周濟貧民、大搞慈善等一連串惠民舉措。在呂不韋和金錢的雙重作用下，人們對嬴異人的態度發生了變化。

金錢的魔力，只有懂得用的人才真正知道。通過呂老闆對金錢的合理利用，嬴異人發現所有人對他的評價都超越了國家和民族的界限，不再說他是暴秦的落魄王孫，

轉而交口稱讚他是最佳青年楷模，大有獲得「國際十大傑出青年」的勢頭。

眾人交口稱讚嬴異人，讓他開始頭腦發熱，飄飄然不知所以，不過經紀人呂不韋沒有被勝利沖昏頭腦，他非常清楚他的目的不是讓嬴異人過上優越的生活，而是通過包裝讓嬴異人成為大秦繼承人，並接受自己的擺佈和控制。

異人答應一旦坐上王位，必將厚待呂不韋。呂不韋為了保證異人對自己的承諾，就派了美女間諜趙姬勾引異人，在呂不韋的成功策劃之下，異人很快被趙姬的萬般風情迷倒，從此欲罷不能。呂不韋便把趙姬送給異人，異人感激涕零，握著呂不韋的手直言相見恨晚。

話說美女間諜趙姬原是呂不韋的小三，但呂不韋可不是那種被女人絆住腳的男人，他利用趙姬潛伏在異人身邊。趙姬同時和兩個男人有一腿，後來生下了一個男孩，即中國的第一位皇帝秦始皇嬴政。這樣就導致了史學家們的猜測，有的說嬴政是呂不韋的兒子，有的則說是異人的。

英明的秦國董事長昭襄王通過各種媒體網路對嬴異人的形象進行了全面瞭解，認為孺子可教也。很快，這齣由呂不韋導演，嬴異人領銜主演的好戲，在秦國各階層創造了很高的收視率，一向形象不太好的大秦如今出了一個賢名遠播的王孫，秦昭襄王感覺面子得到了空前的滿足。

種種跡象表明，在呂不韋和嬴異人的通力合作下，他們初步得到了大秦總部的認可，老闆秦昭襄王和太子安國君都重視起這個孩子來。人心都是肉長的，一個他們從來沒有關心過的孩子，靠著獨立自主艱苦奮鬥爲秦國長了面子，這讓嬴異人的爺爺和父親內心多少都有些愧疚。

然而好景不常，他們剛剛取得了一點成功，前進的道路上就出現了波折。呂不韋的情報系統報告：秦國和趙國準備開戰了！

長平之戰

在趙國做質子，怕的是什麼？不是沒錢，而是怕祖國和趙國打仗，嬴異人是個和平主義者，最怕秦趙交惡。可怕什麼來什麼，趙國和秦國又準備打仗了，趙國人很有國家榮譽感，一旦開戰，身處趙國的嬴異人好日子估計也就到頭了。嬴異人這顆剛剛升起的政治新星，馬上被嚇得黯然無光。

西元前二六二年，秦國攻韓，趙國保韓，趙王派出老將廉頗，與秦軍對抗於長平。廉頗認爲：秦軍長途奔襲，人馬疲憊，趙軍以逸待勞，只需堅守不出，秦軍自退，因此無論秦軍如何叫罵，趙軍都做出不理睬的樣子。

稍有歷史常識的人都知道，長平之戰，趙國是戰敗國，趙國戰敗後，國力從此衰退，趙王差點受到國際法庭的審判。趙王更是在戰敗後屢次發表戰敗感言：做人要忠誠老實，不貪心，想賺小便宜必然吃大虧。趙王總結很到位，長平之戰本來與趙國毫不相干，只是因爲趙國多看了長平一眼才遭此大禍。

戰國七雄中的韓國，幾年來一直很鬱悶，辦公總部本來在晉地，後來爲了便於向中原地區虛心學習，就遷都到了河南。遷都的副作用馬上顯現，韓國對上黨地區的統治能力減弱。作爲實力強大的開發商，秦國看上了這塊被韓國放棄的地方，決定採用大規模的軍事行動，強行競標這塊土地。

爲了能徹底得到上黨的土地，秦國經軍事委員會研究決定，派重兵封鎖韓國與上黨地區的交通和通信聯繫。

這一招簡直太損了，釜底抽薪，使上黨地區徹底失去了與大本營的聯繫，成了一片孤地，可憐的上黨人民一夜之間成了無依無靠的孤兒。

秦國切斷上黨和韓國的唯一通道，弱小的韓國哪敢與秦國抗衡。愛好和平的韓恆王深思熟慮之後，發揚了民主的作風，通過民主決議，韓國國務委員會給上黨地區的老百姓發去了慰問電，並明確表示同情他們的處境，但讓他們高度自治，是戰是降可以自行決定，總部不在上黨的問題上跟秦國較勁了。

非常時期必有非常人物出現，雖然韓國總部拋棄上黨，但當時上黨地區的最高負責人郡守馮亭，是個極端的愛國主義者，決定帶領上黨人民奮勇抗戰，決不投降。

上黨危急，郡守馮亭急中生智，派人給趙成王送去雞毛信，信裏面寫著：趙和上黨兩地人民有著傳統的深厚友誼，上黨地區的人民一向敬佩趙成王的治國手段，羨慕趙國人民的小康生活，現在上黨被韓國拋棄，又面臨著秦國惡霸的強佔，廣大人民群眾經過投票選舉，一致同意跟隨趙王，永世不變。

趙成王正在宮內做著富民強國的春秋大夢，突然收到了馮亭來信，而且信中，馮亭對他政績的稱讚讓他很受用。上黨人民的意願讓趙成王感覺到了自己肩負的國際責任，況且秦國費力費錢都沒有將上黨打下來，人家卻願意無條件的跟隨他，這是對他統治的肯定，趙成王的虛榮心得到了滿足，於是他怦然心動了。

衝動是魔鬼，趙成王作爲資深boss，當然知道這個道理。激動過後，他冷靜的分析了上黨的周邊局勢，上黨地區的邊界衝突，本身是韓秦兩國的矛盾，一旦接手上黨，就等於把韓秦矛盾轉嫁到了趙國的身上。值不值得爲此跟秦國鬧翻呢？一向民主的趙成王請來了他的叔叔平原君共同合計。

趙國總理平原君，江湖人稱「四公子」之一，可也禁不住這麼大的誘惑，聽侄子說只要趙成王點頭，就可以馬上免費得到上黨的十幾座城池，興奮得兩隻眼睛直冒星

星，活半輩子了，還沒有見過這種天上掉餡餅的事呢。

趙成王對上黨郡守馮亭率眾歸依趙國本就心動不已，再加上平原君「人爲財死鳥爲食亡」的理論做依據，趙成王顧不上再民主表決，就直接回信答應了馮亭的請求，慷慨表示願意爲上黨人民打抱不平，趙國人民願和上黨人民一道抵抗秦國的侵略，上黨就安心的姓趙吧。於是長平之戰條件成熟了。

縱觀天下大勢，成敗都在一張嘴上。諸葛亮長了一張巧嘴，他巧舌如簧促成了三國時三足鼎立大局，平原君長了一張烏鴉嘴，那句「人爲財死」最終引發了長平之戰，最後趙國爲這次貪財付出了慘痛的代價。

趙國不費吹灰之力併購了上黨，爲了兌現當初向馮亭許諾的保衛上黨的承諾，趙國廉頗率領大軍去駐守。

從心理角度上分析，廉頗應該是固執型的人才，他對上黨的定位就是趙國的一個海外軍事基地，而非趙國的領土，因此廉頗選擇了在後方長平安營紮寨。以便戰爭開始時最大限度的保存趙國的力量。

秦昭襄王在國際事務中強勢了一輩子，上黨之戰更是浪費幾年時間和大把的鈔票，眼看要見到收穫了，煮熟的鴨子卻飛了，他被趙國狠狠地涮了一把。秦昭襄王一生什麼都吃，就是吃不下虧。他決定讓趙國看看秦王爺到底長了幾隻眼。於是西元前二六〇年，秦國調動了幾十萬大軍，在王齕的率領下向上黨進軍。

王齕作爲一名秦國的中青年骨幹將領，沒有辜負秦昭襄王的期望。短短幾個月的時間，攻佔了上黨大大小小的十幾個城池。趙國對上黨的承諾幾乎成了一紙空文，秦國控制了長平之外的上黨地區。

趙國對上黨的不作爲，直接導致秦國軍隊很快打敗韓國在上黨的殘兵敗將，順利到達廉頗駐紮地長平附近，本來趙國評估，認爲秦國不會爲上黨和他們傷和氣，然而，爲了鞏固秦國的既得利益，秦昭襄王不顧趙國感受，立即給王齕下令，擊潰長平駐守的趙軍，完成佔領上黨的徹底征服。震驚世界的長平之戰正式拉開了帷幕。

對於剛剛參加工作的秦國將領王齕來說，這次被上面選擇攻擊趙軍是幸運的，如果能打贏廉頗，以後的年薪和退休金就不用發愁了。因此王齕收到了秦昭襄王的最高指示後，迫不及待的率兵趕往長平。很可惜，長平之戰卻沒有成就王齕，他這輩子注定只能做白起的影子。

廉頗此時沒有時間檢討和自責給上黨人民帶來的傷害，他在積極尋找破敵良策。作爲名將，他除了作戰勇猛無畏外，沉穩老練是他常勝的法寶。他看到秦軍勢不可擋，就在長平修築營壘，堅守不出，不跟秦軍打遭遇戰。

這一戰略思想非常成功，秦國軍隊的消耗，讓秦昭襄王的戰鬥信心有些動搖。流氓不可怕，就怕流氓有文化。很不幸，秦國智囊范雎就很有文化，所以他滿腦子都是壞主意，長平之戰初期由於廉頗的沉穩老練，秦昭襄王意志動搖，范雎便設計了一齣反間計，派人到趙國暗地宣傳：廉頗老了，不足畏懼，秦軍現在最懼怕的是名將趙奢之子趙括，如果趙括統帥趙軍，秦軍根本睡不著覺。

戰場的不順利，逼得秦王只好拿出殺手鐧——離間計。秦王派出間諜四處散佈謠言，說廉頗老了，飯都吃不順利了，領兵打仗完全廢物一個，趙軍堅守不出，那是廉頗怕怕。又四處傳揚秦國不怕廉頗怕趙括，當年趙奢把秦國收拾的那個慘啊，虎父無犬子，千萬不能讓趙括當了將軍，要不然秦軍只有死翹翹的份了。

秦國小間諜這麼一編，趙王還真信了，便召回廉頗，讓趙括當將軍。

藺相如聽到消息後極力反對，但趙王認爲藺相如是和廉頗私交深厚，所以才維護廉頗，便沒理會藺相如。趙括的母親也找到趙王反對趙括當將軍，趙王則認爲趙母是擔心自己的孩子在外面風吹日曬。

能力再強，架不住小人作祟，趙國老將廉頗雖然是國際公認的將星，但由於趙國的新聞審查制度不嚴，宣傳部門又缺乏對輿論的有效監督，秦國編造的「怕趙括而輕廉頗」的謠言很快就傳到了趙成王那兒。廉頗的戰略思想本就不合趙成王胃口，再加上趙括這孩子談起兵法口若懸河，趙成王一紙調令，趙括走馬上任。

趙括對兵法書籍孜孜不倦的苦讀，和別人辯論起兵法時無人能比，從而在理論界聲望很高。趙成王作爲敢於改革創新型的老板，大膽起用新人，他相信自己是伯樂，而趙括一定是一匹千里馬，肯定能給自己帶來驚喜。事實上，趙括也沒有讓他失望，最終送給趙成王一個大大的驚嚇——四十萬趙兵被活埋。

要說白起的能力那可不是蓋的，他擔任秦軍總司令後，先對趙括做過一個系統的身家調查，瞭解到趙括這小夥子有股衝勁，爲人魯莽輕敵，高傲自恃。碰上這樣一個對手，白起感到非常幸運。可憐的趙括最終成就了白起，長平之戰，讓白起達到了軍事生涯的頂峰。

作爲戰場老同志、老狐狸，白起知道在戰場上不能小看任何一個對手，但他卻懂得一定要讓對手小看他的道理。示弱求戰示強求和，他決定示敵以弱，誘敵深入。在交戰的過程中，他故意裝敗逃跑，在逃跑的過程中，巧妙佈置了有縱深的包圍圈，形成關門打狗之勢，從而全殲敵人有生力量。

其實趙括還真不怎麼的，他雖然讀盡軍事書籍，但也只會玩玩沙盤土堆，和小朋友們一起扮家家酒。趙括當上將軍後，變守爲攻，而秦軍則秘密派白起爲三軍總司令，穩紮穩打，理論家在戰場碰到實戰家，結果可想而知。趙括以爲敵軍不堪一擊，殊不知是他智商太低，趙軍被分流，各個擊破，屍首鮮血逆流成河。

依照古代戰爭的規則，交戰前都要互遞戰書，友好協商互砍的方式。白起在給趙括的戰書中寫道：「欲與子生死一戰，共決雌雄。」由此可見白起應該平時愛看心理類的書籍，當趙括讀到這句話時，頓時火冒三丈。白起稱他爲子，而不是君，這分明是看不起他。趙括決定要儘快給白起點顏色看看。

西元前二六〇年八月的一天，長平之戰正式打響。戰爭一開始，軍事理論家趙括就顯示出了扎實的兵法理論，按照兵法中聲東擊西之計，他狡猾地安排部分軍隊佯攻沁水，給空虛的秦國本土造成威脅。然後又率軍猛攻白起，準備讓秦軍首尾不能兼顧。幾個回合的交鋒下來，秦國果然節節敗退。

世界上最幸福的事情就是實現自我突破，趙括此時渾身洋溢著成功的快樂。他站在自己的指揮車上，大聲叫道：「成功的感覺，太爽了！」想想自己年紀輕輕，就指揮著幾十萬的軍隊上陣殺敵。這樣的成就，連自己死去的名將老爸都沒有過，趙括出生於老爸趙奢而勝於趙奢，簡直太給力了。

看到如潮水般潰敗的秦軍，趙括決定乘勝追擊，一直把秦軍趕到沁水邊。趙括的確是精力旺盛的小夥子，看到秦軍的表現，他一邊輕鬆指揮軍隊，一邊爲廉頗感到悲哀。別忘了，趙括也是個追星族，他是老將廉頗的忠實粉絲，「難道廉老將軍真的是老了，秦軍如此容易對付，他居然躲起來不敢打」。

不是沒有人對秦軍的異常表現感到懷疑，午休時，趙國的將士們都議論紛紛，秦軍一向強勢，戰鬥力指數更是一向超標，今天怎麼沒打兩下就鬼叫著往後跑？議論的結果是：管他呢，反正我們能打勝就行，如果有陰謀詭計那也是上面要考慮的。將士們的議論，官僚主義作風嚴重的趙括自然也沒有聽到耳朵裏。

在節節勝利的大好形勢下，趙軍總司令指揮趙軍一路高歌猛進，順利地鑽進了白起佈置好的圈套。正在指揮車上準備獲勝後的感言的趙括總司令，發現原本背水的秦軍開始向兩翼分散，跟沁水一起形成了一個三面的包圍圈，趙括大呼中計，趕緊命令緊急剎車，但已經晚了，野獸掉進了獵人的陷阱。

趙國陸軍司令趙括帶領大軍一頭紮進了白起的包圍圈，趙括環視四周，發現秦軍士兵眼冒藍光，直勾勾的看著他們，趙括是個機靈的小夥子，看到這種情況趕緊跑路，結果回撤的趙軍發現他們的後路上，不知什麼時候多出了一支數量龐大的秦軍，切斷了趙括的退路和糧道。趙括的冷汗濕透了全身。

被秦軍圍困的趙括此時山窮水盡，他帶領的四十多萬人的軍隊，沒有吃，沒有喝，此時趙軍人心浮動，瀕臨絕境。面對秦軍，趙括選擇了赤膊上陣，英勇搏殺，最後光榮就義。

主帥英勇殉職，趙軍失去了主心骨，在秦軍投降就能吃飽飯的巨大誘惑下，餓得頭暈眼花的趙兵無心戀戰，四十萬大軍投降了。

沒想到，白起是個缺乏誠信的人，本來投降時說好讓趙兵吃飽飯，誰知面對四十萬趙國戰俘，白起用了一個最殘忍的處理手段：全部坑殺。

白起的兇狠殘暴令人髮指，坑殺四十萬投降軍士，不僅如此，還對兩百多名小孩割耳斷肢，放回趙國，想嚇怕趙國人民，從而不戰而降。然而，趙國人民看到那些被摧殘的孩子們，不但沒有展示出怕秦國的樣子，而是真心的怒了，更加堅定了捍衛腳下土地的決心。

長平之戰以秦國的徹底勝利告終，隨軍記者在戰後總結了白起將軍的戰略戰術，一致認定白起在長平之戰裏，充分展示了他超越時代的作戰思想，這也是他能夠勝利的關鍵。此戰用切斷糧草的方式，打持久消耗戰，這是白起的發明創造。以殲敵有生力量作爲主要目的，符合現代軍事提倡的殲滅戰思想。

一將功成萬骨枯，白起用四十萬條生命提高了自己在歷史頻道的收視率。

應該說，白起作爲一個軍事指揮家是完全稱職的，他的確正確分析了軍事形勢，只要秦軍一鼓作氣，很快就可以把趙國拿下。這也可以理解，戰鬥是一個軍人的天職，取得輝煌的戰鬥成績，更是每一個優秀軍人的夢想。可白起顯然不是搞政治的料，面對白起的風光與戰功，秦昭襄王心裏有了小疙瘩。

白起在長平之戰中取得的驕人戰績太過耀眼，完全做到了傳說中的功高震主，秦昭襄王作爲一位資深的成熟boss，他早已經學會爭霸天下不能在乎一城一地的得失，要全盤考慮所有可能的因素，爲了能主持好大秦工作，自己付出的努力常人難以想像，可現在在白起身上，秦昭襄王感覺到了一絲危險氣息。

由於白起擁有眾多粉絲，他已經控制了秦國的軍隊，按照白起的遠大宏偉藍圖，如果讓他佔領了趙國，他就有了趙國這個控制實體。從理論上講，他就有可能會擁兵自重，另起爐灶自己組建公司。精通厚黑之學的秦昭襄王不得不考慮，對於白起的能力和感召力，如果不加控制會出問題的。

范睢作爲秦昭襄王的貼身秘書，當然明白這一道理，白起要求滅亡趙國時，他馬上跳了出來，聲援秦昭襄王，反對白起。

范睢和秦昭襄王真是心有靈犀一點通，他作爲心理學新秀，經過這麼多年的朝夕相處，他比秦昭襄王肚裏的蛔蟲都更瞭解秦昭襄王。這次秦昭襄王遲遲不下令讓白起攻趙的原因，他已經在自己的蘋果電腦上做出了詳盡的分析，下一步就是利用此事進一步拉近和主子的關係了。

只要是正常人，都會有私欲，范睢是正常的聰明人，私欲更強，秦昭襄王不願意讓白起攻趙，出於私心，他本人更不願意白起接著攻打趙國。原因很簡單，白起對於秦昭襄王的威脅還停留在可能的階段，但是對范睢的威脅已經是實實在在的了。誰讓白起成名之後的出場費比自己要高呢！

白起一直的暴走令范睢擔憂，害怕影響自己的地位。俗話說：一山不容二虎，除非二虎是異性。無奈白起和范睢都是成年男性，所以范睢決定要把白起搞掉。

西元前二五九年，白起的軍隊一直磨刀霍霍，準備進攻邯鄲，無奈等啊等，盼啊盼，也沒有等到秦王的出兵令。得知是范睢進言不讓出兵，白起對他恨之入骨。

原本白起和范睢是一對好朋友，二人共同伺候主子，兩人相安無事，老板也非常滿意，他們經常作爲友好典範受到表彰。但是長平之戰的勝利打破了這種平衡，白起因爲軍功，在老板和群眾中的影響力遠遠超過了范睢。如果他一鼓作氣滅了趙國，那兄弟我的日子可怎麼過呀，畢竟我靠拍馬屁走到今天不容易。

朋友如衣服，利益如手足。在利益面前，范睢二話沒說，抄傢伙就朝白起打去。可范睢知道，如果當眾阻止白起爲國爭光的正當請求，那會死得很難堪的，必須要找一個冠冕堂皇的理由。

秦昭襄王是這樣想的，范睢更是這麼策劃的。看來范睢不愧爲老板的心腹秘書，時刻把「爲老板排憂解難」作爲自己的天職。

作爲秦國目前最紅的政治人物，范睢在每日例會上對秦昭襄王說：「我尊敬的大王，趙國現在決不可滅。」秦昭襄王一聽范睢這麼說，心裏的那份高興呀，心想：這小子行，如果他能想出歪點子阻止白起，找機會還可以再提拔提拔。不過秦昭襄王卻當衆斥責范睢一頓，說他不能緊跟國家政策的調整方向。

范睢爲秦昭襄王想法解憂，秦昭襄王卻罵了他一頓，不過范睢並不生氣，他就是要給秦昭襄王虛僞一把的機會，現在看秦昭襄王表演已經到位了，便說出自己的理由：「長平之戰取得了輝煌的戰果，可戰爭的受害者是老百姓呀。現在所有的外匯儲備、糧食儲備都出現赤字，如再戰，百姓會怨聲載道、苦不堪言滴！」

作爲關注民生的理論家，范睢爲了阻止白起進攻趙國，把秦國老百姓的淒慘生活狀況誇張的描述一下，例會中的大臣很納悶，卻把秦昭襄王樂壞了：「本來根據趙國表現，應該滅了他，可爲了百姓的福祉，算了，讓老白帶部隊回來帶薪休假吧。」秦昭襄王和范睢拿百姓做藉口，終於成功解除了白起的威脅。

千里之外的白起正在做「對趙國的最後一戰」的報告，接到上級停止攻趙的電話，白起的心大亂，他清楚是有人在背後扯後腿的結果，可爲了自己的政治前途，他還是毫不猶豫的收拾收拾，打包回國了。心灰意冷之下，向秦昭襄王請了個病假，專心寫《長平回憶錄》去了。

Q 最強推銷員

要說秦昭襄王真是個厚道的老板，他不但沒有因爲白起賭氣請病假生氣，反而在收到白起的病假條後高興地簽了字，並給白起頒發了一個終身成就獎，同時在公開場合多次稱讚白起關注民生問題，還表示這次應白起個人意願，讓他退居幕後實屬無奈，日後有機會，一定再給白起安排合適的重要職務。

世間事總是有人歡喜有人愁，嬴異人的爺爺高興了，可他絲毫沒有顧忌嬴異人的感受。當趙國軍士被白起坑殺四十萬的消息傳到邯鄲後，嬴異人血壓猛地升高，接連暈過去三次。重度高血壓患者嬴異人明白，四十五萬顆人頭的帳，趙國肯定要記在他頭上。我的命怎麼那麼苦呀！每次醒來，嬴異人都對天哀嘆。

嬴異人經歷了那麼多的生死考驗，其實早已經將生死置之度外了，爲國家捐軀無上光榮這點覺悟他還是有的，嬴異人並不害怕死亡，可有神論者嬴異人還是害怕幾十萬個趙國冤魂把他生吞活剝。爲了消除心理緊張情緒，嬴異人毅然決定用特殊方式排解憂愁，大醉之後，他又擁著趙姬進了臥房，他認爲床上娛樂是消除緊張的最好方法。

世上最令人恐懼的不是死亡，而是等待死亡。嬴異人整天洗乾淨脖子，等待著趙國人砍頭洩憤，可他沒想到趙國人還真是胸懷寬廣，已經兩個月了，嬴異人居然還沒有被拘留審判。難道說趙成王患了失憶症？應該不會，他府外佈滿了趙國的密探證明了這一點。

由於缺乏媒體界朋友，嬴異人想破腦袋也沒明白原因。

怪事年年有，今年到嬴異人家。遲遲等不到那一刀的嬴異人，甚至想去趙王那兒自首。他哪裡知道，即使是自首也見不到趙王，趙王此時正在苦苦思索，反覆揣摩怎麼辦。其實他每天都惦記著嬴異人的腦袋呢，四十萬顆人頭，忘了秦國質子嬴異人的存在就是真的腦殘了。他不是不想殺，而是不能殺，畢竟衝動是魔鬼呀！

秦國活埋了趙國幾十萬將士，趙國卻大度的沒殺秦質子嬴異人，原因有二：一、長平之戰，趙國的精銳部隊盡毀，軍事上再和秦軍PK，打起仗來肯定吃虧，好漢不吃眼前虧，現在秦國好不容易撤了兵，趙成王可不想再打。二、秦趙兩國正在議和，嬴異人好歹也算個籌碼，趙成王不會傻到自毀長城。

弱國無外交，秦國作為強國，外交方面肯定占主動地位，於是在一連串政治因素影響下，嬴異人的小命暫時無憂。前段日子為了排解恐懼而做出的辛苦努力也有了回報，他和趙姬齊心協力製造出了個孩子。將爲人父的嬴異人高興極了，他整天請假守在趙姬身邊，享受著即將到來的天倫之樂。

福無雙至今日至，嬴異人最近很高興，老婆懷孕了，老爸安國君也從秦國來信了，信裏面說：親愛的孩子別怕，祖國人民都很關心你，對你的人身安全也很關心，有關你的安全問題，已經同趙國進行了嚴正的交涉，一定保證你的安全。爺爺和爸爸都很想念你，千萬要擺正心態，挺過這一關，自由就在不遠處。

接到老爸來信，嬴異人反覆看了三百六十五次，江湖傳言「家書抵萬金」，這話一點不假。從信的內容上來分析，國家並沒有忘記嬴異人，而且對他還非常關心。此後的日子就如同信裏提到的那樣，趙國放鬆了對嬴異人的管制。另外，消失很久的呂大老闆，也重新跟嬴異人接上了頭，重商合作事宜。

呂大老闆和嬴異人重新會面後，在呂不韋的一番解釋下，嬴異人恢復了往日對他的信任，並將安國君的書信拿給呂不韋看。

呂老闆的智商真不是蓋的，從來信中很快發現了秦國對嬴異人的重視，況且信中又婉轉的提到將來不會虧待嬴異人，說明嬴異人已經不是原來那個姥姥不親、舅舅不疼的質子了，此子大有潛力可挖。

嬴異人作爲一名超級老實青年，頭腦裏沒有什麼隱私觀念，將老爸給他的書信，拿給呂不韋看。呂不韋不愧是天下最成功的商人，腦袋瓜就是好使，他從信中發現了對嬴異人有利的地方。以前的投資要想不白費，嬴異人必須升級為未來之君，為了這一理想，呂不韋決定往秦都咸陽走一遭，趁熱打鐵，去給嬴異人找找路子。

此時秦國太子安國君穩坐書房內，或許他是秦國最意氣風發的人了，早早的被立為太子，又沒有來自兄弟間的競爭壓力，政治地位穩如泰山。可他仍唉聲不斷，他的苦惱來自於一個女人，確切的說，是他的老婆。

雖然說安國君有無數個老婆，但他最珍愛的卻始終只有一個，那就是他的結髮妻子華陽夫人。遺憾的是，他同無數個女人生了無數個孩子，卻偏偏跟華陽夫人造人運動失敗。他們為此付出了無數的努力與汗水，現在到了生育的極限年齡，仍不能解決華陽夫人的不孕不育。

安國君雖然不是不孕症治療專家，但也明白華陽夫人的不孕不是自己的責任，不過作為感情專一男，看著心愛的女人每天在深夜裏買醉，他心裏很不是滋味，甚至還有一絲愧疚之情，安國君不愧為戰國時期「五好男人」排行榜的第一名，所以在生活中總是盡自己最大的能力去彌補華陽夫人。

如果有人問什麼是幸福，秦國太子妃華陽夫人的回答是：為老公生個孩子，做一個完整的女人。作為太子妃，她享受著別人夢想中的榮華富貴，擁有無數的金銀珠

寶，承受著萬民的愛戴。丈夫安國君雖然喜歡拈花惹草，但總算待她不薄，從他的二奶到N奶，都對華陽夫人尊敬有加，可不能生育卻是華陽夫人心中永遠的痛。

古人云：女人的心事你別猜。可呂不韋說：「我一猜就明白。」對華陽夫人不能生育的心事，呂大老闆有不同的看法，他認爲華陽夫人沒有兒子，就相當於買方市場成熟，如果自己能給她提供一個滿意的兒子，這將是一筆利潤可觀的大生意。

爲了能讓嬴異人升級爲安國君的第一繼承人，在不違背市場供求規律的前提下，呂大老闆組織策劃了一個龐大的「異人認母計畫」，呂不韋自信的認爲，自己一定能爲嬴異人這件奇貨找到一個巧妙而又穩妥的銷售良機，整體出售給華陽夫人做兒子。

問題出現了，華陽夫人是想要個兒子，但她是否能看得上嬴異人呢？策劃人呂不韋再次顯現出了他對人性的瞭解，他認爲父母對孩子的需要很簡單，就是一個「孝」字。要想成功實現「異人認母計畫」，可以從「孝」字上做文章。

嬴異人不愧爲貴族出身，他很快顯現出自己知性的一面，他在自己的房間裏設了香案，每天爲遠在家鄉的親人禱告祈福，耐人尋味的是，他每次都把華陽夫人的次序排在自己的母親前面，每當有人奇怪的問起原因時，嬴異人都要流淚表演一番，說華陽夫人沒有孩子，今後如有機會回國，一定要好好孝順她。

嬴異人對華陽夫人的孝順在《呂不韋報》和各大網站的傳播下，這場誇張的做秀成功傳到了華陽夫人那裏，華陽夫人對這個印象不太深的兒子產生了好感。她不僅親自給嬴異人寫信感謝，還贈給了嬴異人很多物品。呂不韋感到預期宣傳實現了，於是決定親自去咸陽補強一番。

「異人認母計畫」有了成功的開始。

呂不韋作爲資深商界精英，深知情報的重要性，所以來到咸陽他做的第一件事，就是打聽情報。很快，他就聽說了一個小道消息——安國君要立嫡子了。呂不韋明白，這事如果變成了真的，他所有的投資都不會再有回報。回報率爲零的投資呂老闆哪裡肯做，於是他馬上重金聘請私家偵探，搞清楚他所關心的幾個問題。

呂不韋不惜重金請人調查「異人認母計畫」實施中遇到的幾個問題：安國君準備確定繼承人的的消息是否真實；如果安國君立嗣消息真實，要搞清楚此次競標都有哪些入圍競爭人選；確定競爭人選後，要詳細瞭解這些競爭對手的情況。畢竟商場如戰場，只有做到知己知彼才能百戰不殆。

有錢還真是能使鬼推磨，重賞之下必有勇夫，很快呂不韋就收到了一大堆相關情報。綜合起來分析主要有兩點：安國君確實要確定合法繼承人了，而且這是最高領袖秦趙襄王下的命令；此次完全實行等額選舉，且只有一人入圍，國內根本沒有競爭對手。

看過這些情報之後，呂不韋無法淡定了，候選人來頭很大，異人危險了。

呂不韋畢竟是老江湖，他知道真相後，並沒有對培養嬴異人爲安國君接班人的願望失去信心，反而對情報進行了仔細研究，找到了關鍵人物華陽夫人。他分析出想要擊敗吳姬和她的兒子並非毫無勝算，只要能勸說華陽夫人改變主意，轉而堅決反對立子溪爲嗣子，就一切OK了。

呂不韋找到了阻撓子溪爲嗣子的關鍵後，華陽夫人成了他公關的第一目標，他分析了華陽夫人沒有反對立子溪的原因：老公已經到了必須立嫡的年齡，再因爲她的原因拖延，難掩悠悠眾口；再說，自己的肚皮實在是不爭氣，沒有孩子，就失去了爭奪老公接班人的資格和心氣。

呂不韋真是下了功夫研究華陽夫人，多年的從商經驗告訴他，要想讓嬴異人成爲安國君的接班人，必須馬上讓華陽夫人認下嬴異人這個便宜兒子，從而儘快讓華陽夫人重拾爭嫡的信心。一旦華陽夫人在宮中燃起後宮爭嫡戰火，他就可以渾水摸魚，亂中取勝了。

有了具體行動綱領，還有一個困難擺在呂不韋面前，怎麼樣才能見到華陽夫人。呂不韋自信只要有當面跟華陽夫人推銷的機會，他一定能用他的智慧和謀劃，把嬴異人推銷給她做兒子。

呂不韋作爲商人，深通兵法的迂迴之法，爲了接觸到華陽夫人，他打聽到華陽夫人姐姐的情況。她姐姐雖是個寡婦，不過有個做太子妃的妹妹做後臺，日子過得本該不錯，可她幾個兒子吃喝嫖賭抽一應俱全，全是敗家玩意，因此日子過得緊巴巴的，有時還要靠借高利貸度日。

得到華陽夫人姐姐家經濟條件不好的情報，呂不韋笑了，當夜他就隨身攜帶著萬用敲門磚——鈔票登門拜訪。華陽夫人的姐姐是個很有原則的人，她明白拿人錢財替人消災的道理，在毫不客氣的收下呂不韋大筆鈔票後，主動提出要爲呂老闆做點什麼，否則拿這麼多錢心裏不踏實。

看到華陽夫人的姐姐這麼爽快，呂不韋再不說實話就太不上路了，於是他直接告訴對方：「馬上給我安排見見華陽夫人。」要說有錢就是好辦事，呂不韋又一次讓世人看到了金錢的魔力，在華陽夫人姐姐的安排下，他很快就得到與華陽夫人面對面交流的機會。

高超的溝通技巧是成功的推銷人員必備的素質。呂不韋和華陽夫人以質子嬴異人爲開場白，然後又熱心地爲華陽夫人分析了國際國內形勢，委婉道出了她跟吳姬微妙的利益衝突，並對華陽夫人面臨的問題熱心剖析。華陽夫人有著多年的宮廷鬥爭經驗，對搞政治的領悟能力很強，聽後，很快緊張得滿頭大汗。

呂不韋在和華陽夫人的交談過程中，充分施展了自己的名嘴功力，先說華陽夫人將遇到危機，並得出一旦子溪爲太子府繼承人，吳姬就會壓在華陽夫人的頭上的結論。沒想到華陽夫人心態消極，在太子府繼承人問題上，只是一味自責自己的肚皮，這讓呂不韋很著急。

看到華陽夫人對爭嫡無動於衷，呂不韋適時給華陽夫人打一劑強心針。他告訴華陽夫人：如果能從安國君的子嗣中認個兒子，她的兒子就是合法的嫡子，根據法律規定，這孩子就有做太子府接班人的權利，一旦這孩子主持大局，肯定會對她感恩戴德，對她言聽計從，這樣一來，所有的危機都解除了。

如果呂不韋老先生生在現代，憑他那張善於打動女人的嘴，肯定名列電視名嘴一族。經驗豐富的華陽夫人聽了他的分析，眼中開始冒光，善解女人意的呂不韋知道華陽夫人已經動心，於是趕緊提示：「養兒防老，認兒子要找孝順的喲。」華陽夫人看著嬴異人送來的禮物，笑了。呂不韋看到這一切，也輕鬆的笑了。

呂不韋向華陽夫人推銷嬴異人做兒子，在呂老闆的極力推銷下，華陽夫人感受到了呂老闆「異人認母」計畫的可行性與必要性，最終同意了這一雙贏的計畫。

雖然和華陽夫人會面的目的已經達到，但作爲商界大鱷，呂不韋深知要想把這單生意的風險降到最低，還得再努力。

執著的呂不韋發揚愚公移山精神，下定決心排除萬難，移走立在嬴異人爲太子繼承人的道路上的兩座大山，其中一座大山，安國君已交給華陽夫人去擺平，應該很快就能成事。而另一座大山秦昭襄王，呂不韋覺得縱觀世界古今，雖武功高強者成群結隊，但想移走此山，非得借助陽泉君的力量不可。

戰國時代的權力分佈格局很有親情觀念，一個國家，君主權力最大，除他之外，就數親人、宦官和君主老婆的娘家人了。既然搞定秦昭襄王的可能性不大，呂不韋想借助的陽泉君就屬於王后的娘家人。如果王后娘家人也分等級的話，那麼陽泉君算得上是他們中的高層娘家人，他是秦昭襄王的親小舅子。

要論秦昭襄王和小舅子陽泉君的感情，那真叫一個親，陽泉君是王后的幼弟，由於王后沒有兒子，陽泉君從小被秦昭襄王和王后當成兒子來養，因此名爲姐夫與小舅子關係，實爲父子之情。陽泉君和秦昭襄王的感情讓他得到了無盡的寵信。不管什麼事，只要陽泉君開口，秦昭襄王都會給面子的。

呂不韋想借陽泉君之力做秦昭襄王的思想工作，從而改變太子接班人人選。可陽泉君也不是誰都能見到的高層人士，他費了九牛二虎之力，終於通過商業夥伴的三姨太的七舅姥姥的鄰居聯繫上了陽泉君，可沒想到老奸巨猾的陽泉君是個太極高手，收下呂老闆送上的錢後，只是打哈哈，卻不解決實際問題。

作爲秦昭襄王的紅人，陽泉君有自己的情報系統，當然知道呂不韋在自己身上大把撒錢的原因，不過他顯然比華陽夫人更成熟。他一邊笑咪咪的往手提包裏塞錢，一邊對呂不韋說道：

「謝謝呂老闆百忙之中代表異人來看我，異人這孩子真孝順。都是聰明人，我就直說吧，你找我辦的那件事我姐夫已經決定，我幫不了你的。」

呂不韋經常向人行賄，每次都如願以償。這次卻碰到了拿錢不辦事的主，算是開了眼了，不過儘管陽泉君這樣，自己卻毫無辦法，因爲他有充分的理由：那件事不是他不辦，而是秦昭襄王決定的，他沒辦法辦。看來陽泉君已經達到了佔便宜的最高境界，讓呂不韋哭笑不得。

在某些方面，呂不韋是單純的人，他始終單純的認爲收錢辦事，天經地義，在陽泉君那兒目前沒有成功可能是自己的工作沒做到位，面見陽泉君之後，呂不韋深入淺出的講出了必須幫助異人的理由：目前昭襄王寵你，你的排場連太子都趕不上，肯定會遭到羡慕嫉妒恨，可如果子溪立嫡，他和你非親非故，自然不會幫你圓場，你的下場可想而知，如果你幫助異人成爲嫡子，他永遠對你心存感激。聽到這兒，陽泉君顧不上呂不韋，就直奔王宮而去。

華陽夫人最近有點煩，她的煩惱來自於一個男人。自從呂不韋開啓了她爭嫡之心的大門，她內心就一直平靜不起來，幸虧呂不韋是個有能力的好心人，告訴她他有辦法搞定這一切，嬴異人有爭奪嫡位之心，而且願做她的兒子，只要認下異人爲子，煩惱自然就不見了，看來和呂不韋呂大老闆合作是正確的選擇。

安國君欲立子溪爲接班人，在呂不韋的挑撥離間之下，華陽夫人決心把這件事攪黃，改立自己的養子（還沒正式認養）嬴異人，畢竟女人年紀大了，退休後又沒有退休金，能依靠的就是兒子。爲了實現自己這一遠大目標，華陽夫人決定使用本門絕學一哭、二鬧、三上吊，要安國君立嬴異人爲嫡子。

可憐的安國君在和別人風流之後，回到華陽夫人處睡覺，誰知等待他的，不是記憶中的溫柔，而是埋伏在床上的絕世武功，華陽夫人並沒有像往常那樣出來迎接安國君，而是一個人伏在床上默默的哭泣。

他有著多年從事婦女工作的經驗，瞭解女人哭的殺傷力，麻煩來了，啥也別說了，三十六計跑爲上計，趕緊閃人吧。

華陽夫人想逼老公安國君立嬴異人爲接班人，誰知獨門絕技剛使了第一招，安國君就受不了要逃。華陽夫人不幹了，從床上猛跳起來，抓住了準備逃的安國君，大聲質問安國君：

「爲什麼見了我就跑?是不是做什麼虧心事了?告訴你，坦白是你的唯一出路，你必須在此時此地老老實實地交代清楚。」

安國君抓耳撓腮，想不出自己到底有什麼見不得人的錯，自己一向遵紀守法嚴於律己，要說風流的確有，可這是老婆私下允許的呀。華陽夫人提醒他道：「你讓二奶吳姬的兒子做太子接班人，你眼裏還有我這個正規老婆嗎？」安國君明白了，原來老婆是犯了女人的通病——嫉妒。

秦國太子府傳來安國君夫婦在臥室裏的對話。安國君：「老婆，我讓子溪做接班人全是因爲父親逼得太緊了，咱倆的造人工程遲遲不出成果，只有把子溪先報上了。」華陽夫人：「這些年爲了你，我吃糠咽菜，到頭了你幫著別人欺負我，我還不如死了算了。」安國君緊張的聲音：「老婆，別想不開，紅頭繩上吊，死相是很難看滴！」

安國君成功阻止了老婆的自殺行爲，可老婆還是不依不饒的讓他很頭疼。房間又傳出一段對話。華陽夫人：「你老實說，到底愛不愛我？」稍一遲疑，傳來安國君的聲音：「愛，不但現在愛，死了都要愛，愛你愛得淋漓盡致才痛快。」華陽夫人：「哼，愛就一個字，你說了好多次，我現在要你用行動來表示。」接著一陣窸窸窣窣的脫衣聲。

秦國太子妃華陽夫人作爲太子府女性掌門人，成功運用必殺絕技制服了老公安國君，在一陣陣歌詞對白中，華陽夫人破涕爲笑，阻止正脫衣服的安國君，溫柔地說：「你挺累的，今天的公糧不用交了，不過我要收異人爲子，你讓他做太子府的接班人好不好嘛。」說完，殷勤的爲安國君按摩起來。

翹首盼望消息的呂不韋首先收到華陽夫人的飛鴿傳書，兩個字「搞定」。這位商場老狐狸明白了：讓一個女人去擺平男人，你肯定不會失望。好事成雙，陽泉君也順利的突破了秦昭襄王的心理防線，秦昭襄王在小舅子「論嬴異人的苦難經歷對實現秦國可持續發展的重要性」的演講之後，也傾向於立嬴異人爲太子接班人了。

在呂不韋正確策劃領導下，在華陽夫人和陽泉君的共同努力下，「異人認母計畫」順利進行。春節臨近，一元復始，萬象更新，在這美好的日子裏，秦國最高領袖秦昭襄王親自簽發文件，確立嬴異人爲太子府唯一合法繼承人，至此，「異人認母計畫」圓滿結束，並成功達到預期目的。

微歷史大事記

西元前三五六年　西元三五〇年商鞅開始兩次變法
西元前三五〇年　商鞅開始第二次變法
西元前三三八年　商鞅被車裂
西元前三〇六年　秦昭襄王繼位
西元前二六七年　公子市死，安國君成為秦國後續繼承人
西元前二六五年　嬴異人去趙國做質子
西元前二六二年　長平之戰開始，白起坑殺趙軍四十萬人
西元前二五九年　嬴異人在呂不韋的安排下，被立為安國君的繼承人

第二章

秦國發展篇

生逢亂世，身不由己

千古一帝秦始皇

又一年的春節來到了，新的一年裏感覺最好的人，可能就是新任秦國太子接班人嬴異人了。歷盡艱辛的嬴異人終於投入了新媽華陽夫人的懷抱，華陽夫人本是楚國人，爲了給嬴異人徹徹底底的打上自己的烙印，嬴異人被新媽賜名嬴子楚。而徹底改變世界格局的男人嬴政，也不甘娘胎裏的寂寞，橫空出世了。

西元前二五九年正月，嬴子楚的老婆趙姬在趙國都城邯鄲生下了一個男孩，取名政。雖然小嬴政還在吃奶的階段，但因爲他最終會成爲千古一帝，所以圍繞著他的敏感話題從他一出生就一直不斷，對於他到底是誰的兒子爭議了幾千年，當事人嬴政感到很無辜，畢竟他也不知道真正結果。總之，做人難，做名人更難。

民間爲了探究始皇帝的父親，出現了許許多多的「始皇帝身世之謎研究會」，總體上研究會分成兩個學派：嬴子楚的親生兒子派；呂不韋造孽派。只要人類還存在，窺探別人隱私的欲望就不會消失，就連偉大的歷史學家司馬遷都是典型的窺探隱私狂人，我們完全可以向始皇帝告發，就是他首先提出嬴政是呂不韋之子的。

司馬遷是個有理想的人，也是個單純的人。爲了單純的理想，他不惜自宮，著實

讓人敬佩得很。為了追求理想和真理，他連男人都不做了，所以他寫的歷史很好看也很真實。

在認真研究呂不韋和嬴子楚的關係後，在沒有徵得當事人同意的情況下，首先公佈了自己的研究成果：嬴政確實是呂不韋的親生兒子！

司馬遷在《史記》連載嬴政是呂不韋的親生兒子後，人們對始皇帝基因的歸屬問題展開了不懈的探索。更有人從兩個方面說明司馬先生胡說八道：一，司馬遷先說趙姬是邯鄲舞娘，後又提到她是趙國富家女，前後有矛盾；二，《戰國策》中，並沒有提到始皇帝是呂不韋的兒子。

有關秦始皇的生父到底是誰，其實做個ＤＮＡ鑒定是最直接最有效的方法。不過出於炒作的目的，我們可以根據個人的喜好去判斷始皇帝的身世，這畢竟是歷史遺留問題，況且，真正的歷史是寬容的，它不會因為某個人出身複雜而拋棄某一個人。不過從人們的議論中我們可以看出：嬴子楚的確是感情的受害者。

對雙喜臨門的嬴子楚來說，老婆和誰怎麼樣不重要，孩子到底是誰的也無所謂，有所謂的是自己作為一個超級和平主義者，非常渴望秦趙兩國罷戈息戰。雖然他是秦國太子接班人，但在內心他恨透了祖國無休止的侵略戰爭。

西元前二五八年正月，秦趙兩國經過艱苦而又激烈的談判，終於實現了雙邊和平。接下來是履行談判合同的時間，沒想到趙國事後感覺到秦趙談判時簽署的協定對趙國來說是不平等條約，遲遲不願履行合同的內容。秦國在沒有向法院起訴的情況下，單方撕毀條約，派五大夫王陵率兵再度攻打趙國。

秦國作為戰國時的超級大國，軍事實力強硬。為了懲罰拒不履行合同的趙國，西元前二五八年正月，王陵率二十萬大軍打到了趙國的首都，把邯鄲圍了起來。

秦國軍隊擊敗邯鄲外圍的趙軍後，趙成王躲到邯鄲城內，儲備大量的糧食和裝備，利用邯鄲厚厚的城牆，決心用「龜縮大法」擊敗秦軍。

秦軍不住地高呼：「有本事你出來，我們單挑。」趙軍也不示弱，膽大地站在城牆上高聲回答：「男子漢大丈夫，說不出來就不出來。」

作為一名有追求的軍事長官，和平和王陵絕對是有深仇大恨，他期盼著能有一戰成名的機會。對於秦將王陵來說，似乎是運氣不好，西元前二七五年，魏冉攻佔了魏都大梁，他沒有趕上。西元前二七八年，白起攻佔了楚國首都的郢城，王陵也沒有趕上。王陵天天盼著能有一場大仗，讓他也如白起、魏冉一樣，享受一回明星待遇。

站在邯鄲城下，王陵非常得意，此時秦軍已經佔據了邯鄲周邊的衛星城市武安、皮牢，秦軍士兵驍勇善戰，況且秦軍裝備優良、作戰技術先進、後勤保障充足，再加上自己這位軍事家高超的指揮，想不順利攻破邯鄲，生擒趙王都難。想到這，王陵彷佛看到了攻破邯鄲凱旋歸國後的轟動場景，心裏著實激動了一把。

首都邯鄲被圍，趙國內部亂成一團，長平之戰後，趙國元氣大傷，至今沒有走出長平之戰的陰影，軍隊好像得了恐秦症。此時城內守軍成分複雜，具體而言，多是臨時徵來的白髮軍和童子軍，娘子軍還在籌建之中，半年才能投入使用。目前能和秦軍一拼的只剩下廉頗、樂乘這些老將的影響力了。

趙國軍事委員會經過緊急磋商，對堅守邯鄲也信心滿滿。老將廉頗身披重甲，像一尊屹立的天神始終立在城牆之上，秦國如蝗般的箭雨也不能將他動搖分毫。主將帶頭，其他人當然不甘示弱，趙國的年老體弱者爭先湧上城頭，落石、滾油、火箭之類的損招都盡數使用，堅決打退秦帝國主義的侵略。趙國人民爆發出了高度的民族凝聚力和責任感，成為世界各民族抵抗外來民族入侵的經典戰例。

長平之戰後，秦昭襄王怕白起再立新功，功高震主，便把他從前線召了回來，工資雖照發，但免去了軍權，沒了往日的威風，白起算是暫時退居二線。秦昭襄王本以為安頓好了白起，他可以放心大膽的攻打趙國，建立不朽功業了，誰料想，雖然圍困了趙國首都，但戰況和當時預期相差甚遠，於是他又想起了白起。

趙國好了傷疤忘了疼，違反秦趙和平協議，臨時變卦，秦王就請白起出馬攻打趙國。白起一則因對秦王與范雎前次對他的傷害還耿耿於懷，二則出兵確實不是上策，就反對攻打趙國。但秦王與范雎主意已定，加之范雎就是要架空白起，就派王陵出兵攻趙。王陵率兵出擊，結果失敗而歸。

這次「邯鄲戰」打響的時候，白起正在家裏悠閒地撰寫回憶錄。

作爲一名馳騁戰場多年的將軍，在寫作之餘，白起也隨時關注著前方戰況，雖然將趙國的首都都包了餃子，卻長時間不能搞定趙國，秦軍損兵折將的情況反而越演越烈。白起嘆了口氣，王陵還是年輕，缺乏經驗吶！白起搖搖頭，接著又埋頭苦寫去了。

爲了打贏「邯鄲攻堅戰」，秦昭襄王換白起做圍攻邯鄲部隊的總司令。沒想到白起對秦昭襄王的這道軍令不感興趣，接連給秦昭襄王發了幾封郵件，表示自己由於很長時間沒上戰場，武功盡失。現在自己的最高理想，就是做一名軍事作家，爲大秦軍隊做些軍事理論性研究。

戰爭久拖不下，秦王才發現白起還真是有才，沒有他打仗還真是搞不定。於是，秦王又去請白起出戰，由於白起憎恨秦王忘恩負義的歷史，審時度勢之後，仍以有病爲由不出戰，不過出於對祖國的忠心以及其他一些不爲人知的原因，他還是說了一些對秦王感謝的話，不過秦王要的不是這些，無奈之餘，又讓范雎去請白起。

范雎親自跑到白起家，告訴秦王想重新返聘白起的願望，但遭到白起拒絕，范雎

沒有生氣，因爲他感到這是個好機會，便添油加醋的向秦王彙報，秦王怒了：寡人很給白起面子了，不要給臉不要臉，不用這廝，照樣能拿下趙國。於是讓王齕代替王陵出戰，誰知趙國軍民拼死抵抗，秦軍又遭到多國部隊偷襲，結果大敗。

秦王鬱悶了，就算你白起真是傳說中的戰神，可我大秦人才濟濟，難道除了你白起，我們就只能吃敗仗了嗎？越這麼想，秦昭王越生氣。

在秦國將軍眼中，白起是個不識時務的人。好不容易得到上面的關懷，讓他官復原職，他卻堅決不從。其實白起堅持不肯重新擔任秦軍總司令還有一個原因：他認爲這場戰爭只能以失敗而告終。他特意給秦王發來郵件，分析戰局：邯鄲城牆堅固，易守難攻；趙國軍民有著空前的民族凝聚力；秦軍戰況不佳，合縱抗秦組織會出兵援趙，手拉手抗秦；秦軍遠離本土，戰線太長，如被敵人趁虛而入，國家危險。綜合分析，秦國此戰必敗。

白起運用自己扎實的基本功，爲秦昭襄王做了攻趙戰果預報，認爲秦國必敗。可老板都不愛聽實話，白起的金玉良言，秦昭襄王卻認爲是危言聳聽。堂堂大秦，難道真沒有人能打仗？既然請不動白起這尊神，秦昭襄王只好派將領王齕頂替王陵去攻趙。白起也最終爲自己的忠言付出了生命的代價。

得到秦昭襄王的召喚，王齕喜滋滋地去做了「邯鄲攻堅戰」的總司令。

秦昭襄王五十年八月，王齕率軍強攻邯鄲。一個月內，城沒攻下，秦軍卻死傷過半，看到攻趙秦軍失利，楚國的春申君、魏國的信陵君率領幾十萬大軍，從東、南兩個方向合圍秦國，趙國也由邯鄲城內發兵接應，秦軍腹背受敵，被迫撤退。

獨領風騷好多年的秦國在多國部隊的圍攻下，從趙國大敗而回，趙國趁機收復了河東幾百里的趙土。

聽到秦國戰敗的消息，秦昭襄王氣得吐血，一向對國家忠心耿耿的白起卻沒有感到絲毫悲傷，反而情緒失控，發了幾句無關痛癢的牢騷，牢騷太盛防腸斷，白起沒斷腸卻因此斷了頭。

可能白起整天忙於砍人事業，沒有注重個人素質的培養，秦國戰敗後，他不但沒有韜光養晦，反而對別人說出了不聽老人言，吃虧在眼前這類的風涼話。也可能是被秦昭襄王壓抑太久，患上了輕度精神分裂症，還在公眾場合出言挖苦秦昭襄王，以洩私憤。這樣一來，神仙也救不了他了。

樹混一張皮，人活一張臉，君王更是愛惜自己的面子。聽到軍統彙報白起的種種危害社會安定團結大好局面的彙報，秦昭襄王立即下令：撤掉白起所有的官職。

白起這次真是整大發了，一氣之下，患上輕度腦中風，在床上躺了三個月才能下床。病癒後的白起覺得必須離開秦昭襄王這位是非之人，想回老家安度餘生。

白起的老戰友們聽說白起準備離開咸陽回老家，秉承哥們義氣大如天的教導，都來給他送行。然而，中國人向來有痛打落水狗的習慣，范雎聽說這件事後，感到機會來了，只用一秒鐘回想了一下他和白起的過去友誼，就開始尋思，能不能在這件事上做點文章，徹底解決白起。

俗話說：斬草要除根，不除是禍根。范雎在白起離開後又進言秦王，說白起心中不服氣，恐怕日後會集結黨羽意圖謀反。秦王似乎已經把范雎當成了他的大師兄，事事認爲范雎說的對，這次也不例外。便派使者追上白起，令白起以死謝罪，白起遂揮刀自刎。

如果說白起是個倒楣蛋的話，還有一個必死卻沒死的幸運者不得不說。

秦國進行轟轟烈烈的邯鄲攻堅戰的時候，仍是趙國質子的嬴子楚又一次面臨死亡的威脅。其實上一次秦趙兩國交鋒的時候，已經經歷過類似情況，也算是經驗老到了，但讓身邊人感到疑惑的是，在這次死亡危機中，嬴子楚好像比上次更加害怕了。

作爲人質，嬴子楚主要擔心趙國把他撕票。原來他是嬴異人，活著沒人疼，死了沒人愛。可現在的嬴子楚，是經過暗箱操作後的大秦王朝太子妃的嫡子，秦國未來的繼承人，爲了國家的永續發展，嬴子楚不得不珍惜自己的生命，因爲他覺得自己的生命不僅僅屬於他個人的，而是屬於全秦國人民的。

秦國圍困趙都邯鄲後，嬴子楚面臨被趙國殺害的危險，爲了自己的生命和來之不易的地位，他決定要絕地大反擊，於是他找來了萬事通呂不韋老闆商量保命之法。嬴子楚先是想到給爺爺寫信，讓他考慮自己的生命安全罷兵，結果被呂老闆一票否決，理由是秦昭襄王不會顧及他這麼一個太子接班人的性命而退兵。

單純的嬴子楚爲了保命，向呂不韋求教如何脫險，當聽到向祖國求援毫無作用之後，亂了方寸的嬴子楚向呂不韋承諾，這次如果能從趙國成功脫險，今後願與呂老闆同呼吸共命運，做親密的「三同朋友」。一句話說的呂不韋怦然心動，經過周密策劃，呂不韋親自設計了一個跑路計畫，並決定和嬴子楚一起離開趙國。

在嬴子楚從趙國跑路過程中，金錢又一次發揮了它的魔力，呂不韋看到趙國的門衛工資普遍不高，成功地向邯鄲城門的門衛行賄，看在這些錢的面子上，門衛殷勤地放他們二人出城了。

從趙國成功跑回祖國的嬴子楚在自己的國家過得優哉遊哉，他不再費心爲生存發愁，也不用再看別人的臉色行事，只需要耐心等待自己爺爺和老爸死的那一天。

不過在這段等待的時間裏，嬴子楚偶爾還會被對妻兒的思念困擾。想當初由於跑路情況緊急，拖家帶口可能降低逃生的成功率，嬴子楚毫不猶豫地選擇了單飛。

身在趙國的趙姬，老公和老相好呂不韋都成功跑路，留下她和小嬴政她們孤兒寡母在趙國苦苦等待。

嬴政因爲沒有父親的緣故，從小就和母親過著顛沛流離的生活，苦難磨練了他的意志，鍛煉了他的責任感。老媽趙姬雖然是個弱女子，絕對是一個合格的母親，爲了嬴政付出了太多太多，老爸嬴子楚離家九年，在沒有父愛的關懷之下，始皇帝的童年可以說是生活在一個單親家庭中，這讓嬴政產生了深深的戀母情節。

最不需要人力銀行的人——毛遂自薦

戰國聯合國軍成功幫助趙國打敗秦國，解了邯鄲之圍。趙成王很清楚這場仗打到最後，趙國已經是在用國家的意志力才勉強支撐，如果沒有楚魏兩國危難之中大顯身手，戰國的格局可能就此產生變化。還是楚國、魏國夠義氣呀！趙成王經常公開發出這種感嘆。

趙國首都邯鄲經受了秦國前所未有的打擊，雖然秦國攻城的部隊損失也很慘重，可依然不知疲倦的進攻，長此以往趙國前途黯淡，倒閉破產在所難免。爲了實現國家的持續性發展，趙成王董事長經過和其他股東協商，一致同意求助外援。通過民主表決，想法向楚國和魏國求助被提到趙國議事日程上。

眼看趙國首都不保，趙成王首先想到向楚國求救。也難怪趙成王想到楚國，楚國由於處在沿海發達地區，遠離戰場，實力保存的還很完整，國際上有能力和秦國叫板的也就他了。但楚國和秦國是軍事同盟國，曾簽訂過和平共處五項原則。爲了趙國的安危，趙成王下詔讓平原君去完成這個似乎不可能完成的任務。

中國古代的戰國是個精彩紛呈的年代，明星輩出，在國際政壇上有四個政治影響力巨大，享有崇高國際聲望、又有眾多fans的骨灰級人物。他們分別是齊國的孟嘗君田文、楚國的春申君黃歇、魏國的信陵君魏無忌和趙國的平原君趙勝。江湖上出於對他們的崇敬和愛戴，合稱他們四人爲「風流無敵瀟灑四公子」。

四公子的榮譽稱號絕不是浪得虛名，這四位都是高官加款爺，實力非凡，除了本身的治國能力外，還特別關注民生問題，給很多百姓提供了免費的社會保障。他們自費在家建立收容機構，並提供「門客」的工作，阿貓、阿狗之類的人都可以去那裏混個吃穿不愁。受益者人人都是義務宣傳員，很快江湖地位空前提高。

平原君被趙成王選中，出使楚國搬兵救國，無奈之下，平原君想從他資助的這些三教九流的人中挑選二十位能言善辯的死士，去幫助他勸說楚考烈王。別看這些人平時吹牛都不報稅，關鍵時刻符合條件的只有十九個。正在平原君四處問候這些人的長

輩之際，一個注定要被歷史銘記的人站了出來。

平原君沒事愛交些狐朋狗友，所以他的江湖朋友大概有幾千人。這次爲了抵抗秦國的攻擊，便從這些狐朋狗友中選出有才之士，這些人通過初賽複賽決賽，最後入圍的有十九人，還差一名。這時，便有一個叫毛遂的人站了出來，向平原君自薦。

毛遂很想跟隨平原君去楚國搬兵救趙國，他主動找到平原君：「老大，這次出國帶上我吧！」平原君說：「這次出國我有重大政治任務，隨行的都是有才的人。可你在我這白吃白喝很久了，我怎麼沒發現你的才在哪兒呢？」

平原君見毛遂沒通過面試，卻站了出來，便問他來了幾年了，毛遂回答三年。平原君說道：「三年了，就算是個狐狸也會露出尾巴了，這裏從沒人向我提過你，估計你本事不大，別只顧著吹牛，回頭閃了舌頭。」

毛遂答曰：「我這叫真人不露相，露相非真人，我要是狐狸，我不會只露一隻尾巴，我要露也是整身的毛啊。」

由於毛遂是個很有遠大理想的人，再說，他也是個厚道人，想到自己在平原君這也白吃白喝三年了，不替老闆做點事也確實有點說不過去，所以他不在乎平原君的冷嘲熱諷，決定憑自己的獨特本領說服平原君讓自己隨行，又是對平原君一頓忽悠，結果平原君感覺此人嘴夠貧，臉夠厚，同意讓他湊個數。

平原君帶領著趙國的求援小分隊向楚國進發，到了楚國首都，拜會了楚考烈王，兩個人在熱情洋溢的氣氛中進行了友好交談。楚考烈王肯定了楚趙兩國的傳統友誼，重申邯鄲是趙國不可分割的一部分。可是在發兵救趙的事情上，任憑平原君磨破嘴皮子，楚考烈王都無動於衷，一直顧左右而言他，不正面回答。

平原君勸說楚考烈王發兵救趙，談判從早上一直持續到中午毫無結果。平原君很執著，準備想辦法再好好勸勸楚考烈王，可站在一旁的門客毛遂不幹了，他早上沒吃早飯，此時已是饑腸轆轆，再加上平時有低血糖的毛病，實在是忍受不住了。抱住「成不成別耽誤吃飯」的想法，便豁出去了，開始了一段永留史冊的對話。

毛遂看到在發兵救趙的問題上，楚考烈王磨磨蹭蹭的，心想：看來老大不一定能搞定楚考烈王，非我出馬不可了。他快步走上前對楚考烈王說：

「哪怕是有關核武問題的高峰會談，也用不了談這麼久吧，趙國本來想幫楚國一把，楚國怎麼扭扭捏捏的？」

楚考烈王雖然知道不和傻子生氣的道理，可還是覺得很不舒服。

楚王被毛遂一頓嘲諷，當時就罵道：「我和你老闆說話，你算什麼東西，這有你說話的資格嗎？」

毛遂聽後，又把嗓門提高了數十分貝道：「大王，你現在敢亂叫，只是仗著人多罷了，不過你人再多，也快不過我的劍，我如果拔劍要你死，你現在就over了，如果我明天拔劍，你還能有一天多活，別把話說死，別把路走絕。」嚇得楚王不敢再言語。

毛遂又講道：「打狗也要看主人，當著我老闆的面，不要罵我，要給我們老闆足夠的尊重。話說，商湯和周文王一開始都是只擁有屁大的一塊地方，但國小也是國啊，秦國攻趙，難道就不會攻楚嗎？我今天的話不單單是爲趙國，也是爲了你楚國啊！」

毛遂爲了成功打動楚考烈王出兵救趙，告訴楚考烈王，趙國之所以向楚國搬兵，除了趙國的確需要楚國幫助外，更重要的是，趙國想幫楚國洗刷兩個恥辱：楚懷王被秦國俘虜，最後客死異鄉；楚國的郢都被白起奪走，逼得楚國遷都。國仇家恨任何一條都應該去和秦國拼一拼，而現在秦國國內空虛，這是最好時機。

毛遂憑著自己的三寸不爛之舌把楚王忽悠得幡然醒悟，其實他時刻都沒有忘記自己先人在秦國人面前受到的屈辱，可考慮到楚國與秦國的軍事差距，他一忍再忍，這次幾國聯手攻打士氣低落的秦軍，勝利的把握還是很大的，這樣一來，不但賣給了趙國人情，還能報仇雪恥，於是他與平原君喝了血酒，歃血爲盟。

毛遂作爲一個小人物卻改變了歷史，因此留下了「毛遂自薦」的成語，也爲無數求職者找到了主動出擊的歷史依據。

就在平原君勸說楚國出兵的同時，趙成王也給魏安釐王發出了求救信號。雖然趙成王對楚國救趙沒有把握，但對魏國，他覺得百分之九十九能搬來救兵，因爲趙國和魏國有親戚關係，魏國信陵君是平原君趙勝的小舅子。果然，看著這層關係的面子上，魏安釐王毫不猶豫就派大將軍晉鄙領兵十萬前去救趙。

秦昭襄王接到線報，魏國成立抗秦援趙志願軍，以晉鄙爲總司令救趙，秦國馬上要面臨腹背受敵的局面。爲了阻止魏國援趙，秦昭襄王就派人威脅魏安釐王，說打完了趙國就去滅魏。利益面前，親戚就不重要了，魏安釐王思前想後，考慮到和平與發展是當即魏國的主題，就下令讓晉鄙駐守鄴城，停止前進。

別看魏安釐王治理國家不怎樣，可厚黑學倒學得不錯，秦國威脅他退兵，他在恐懼中玩了一個花招，並沒有讓晉鄙撤軍，而是駐紮在前線鄴城，讓晉鄙以軍事觀察員的身分隨時觀望戰果，準備坐山觀虎鬥，等到兩敗俱傷再找機會收拾殘局。魏國此舉和世界某大國在二戰中不謀而合，魏國最終卻沒能稱霸世界，令人費解。

魏平原君打消了事秦的念頭之後，趙王便向他小舅子魏國公子信陵君求救：無忌啊，快救救你哥吧，國將亡國了，就算你不可憐你哥，你也要可憐可憐你姐吧，秦王如果攻破趙國，你姐勢必遭受凌辱，到時候，你的臉上也無光彩。信陵君怒了，便集合了一百多輛坦克車，一千多名陸戰隊員，準備和秦國決一死戰。

信陵君不愧爲戰國四公子之一，親情觀念特強，看到魏安釐王準備坐等漁翁之利，他等不下去，畢竟姐姐、外甥、外甥女都在邯鄲城內，隨時都有喪命的危險。在偉大的親情面前，信陵君失去了理智，發誓死也要跟姐姐死在一起，他決定率領自己的上千門客，自費救趙，並決心去創造一場以少勝多的經典戰役。

信陵君自費抗秦救趙的想法一經公佈，在社會上引起強烈回響，有個叫侯嬴的門客找到了他，堅決否決了他這種瘋狂想法。信陵君向侯嬴問計，侯嬴採用啓發式教學，用逆向思考的方式，告訴信陵君救趙的關鍵要有軍隊，控制軍隊的關鍵是要有兵符，只要能從魏安釐王那裏得到兵符，就實現抗秦救趙的目標了。

門客侯嬴循循善誘，告訴信陵君解救姐姐等親人的捷徑，但急不可耐的信陵君有點不開竅，高聲對侯嬴說：「我要是有兵符，我還用得著帶手下去拼命麼？」侯嬴是個聰明人，小聲把自己的「坑、矇、拐、騙、偷」處事五字箴言毫不保留的告訴了信陵君。信陵君恍然大悟，急忙挑選心腹小偷秘密行事。

平時積德行善在關鍵時刻起到了積極作用，信陵君依照侯嬴的五字箴言派人去偷兵符，可派誰去呢？信陵君想到一個人，具體說是一個漂亮女人——魏安釐王身邊的寵妾如姬。如姬的父親被人殺害，兇手卻一直沒有歸案，最後是信陵君手下的門客抓獲的。如姬多次要求為信陵君做些什麼，信陵君決定給她一個報恩的機會。

呂不韋告訴人們，在男人面前，女人是最好的間諜，這一法則在如姬身上得到驗證，很快，信陵君如願以償的拿到了兵符，當即就心急火燎的要往鄴城調兵。看到老大頭腦發熱，冷靜的侯嬴又向信陵君獻出了關鍵的一計，就是這麼一個計策，讓信陵君救趙成為了現實，同時也讓侯嬴成功列為不擇手段的歷史人物十大人物之首。

信陵君得到虎符，便要出發，侯嬴又攔住了他，說：將在外，軍令有所不受，你雖有虎符這種尚方寶劍，但晉鄙是否相信你還在兩可之間，為以防萬一，你可以帶上我手下的屠夫朱亥，如果晉鄙有所懷疑，拒絕執行命令，你可以一手拿著虎符，然後命令朱亥直接將晉鄙人間蒸發。

正在鄴城做軍事觀察員的晉鄙，接到了信陵君調兵的兵符，不出侯嬴的意料，晉鄙懷疑信陵君兵符的來歷，以「將在外軍令有所不受」為由，拒不交出兵權。恐怖分子朱亥出場，一錘砸爛了他的腦袋，可憐的晉鄙不是死在了戰場上，而是被自己人幹掉了。兼職殺手朱亥也因此成了第一個留名青史的屠夫。

雖說信陵君有時候有些冒失，但治軍挺有一套，他令父子同在軍隊的，父親回

去；兄弟同在軍隊的，哥哥回家；獨生子在軍隊的，回家侍奉雙親。如此人性化的士兵挑選機制，讓信陵君的威望進一步得到提高，而且軍士們比較感激信陵君的恩德，待在軍隊的更加賣命了。就這樣，他得到整編軍士八萬人。

Q 老大的心事

邯鄲之圍中，楚春申君黃歇，魏信陵君無忌，趙平原君趙勝，戰國四公子出來三個，絞盡腦汁，想盡辦法解除邯鄲之圍，俗話說：「三個臭皮匠，頂個諸葛亮」，何況出來三個公子呢，趙國力量逐漸強大，而秦軍的長期作戰導致將士疲憊不堪，所以秦軍大敗，兩萬秦軍全部投降，解了邯鄲之圍。

客觀的說，趙國能夠在邯鄲之圍中脫困，毛遂和侯嬴功不可沒。應該說，歷史是非常精彩的，愛好歷史的人們往往眼睛朝上喜歡研究那些大人物，其實如果能研究一下小人物，就會發現，小人物往往能夠成就大事情，有時甚至是改變歷史格局的事情。有太多推動歷史前進的大事，往往都是毫不起眼的小人物造成的。

對於秦國來說，偶然的戰爭失利動搖不了它的根本，因爲秦國在秦昭襄王的治理下，國內GDP增長迅速，百姓幸福指數不斷飆升，由於對外是軍事超級大國，環顧戰國，沒有任何國家不生出畏懼之心。但秦國再強大，秦昭襄王也只能稱王，因為他上面還有一個掛名的領導周天子，這讓秦昭襄王感到特別不爽。

雖然實力足夠強大，已經具備當老大的資格，可還是時刻被名義上的周天子給壓制著，秦王心裏早就有了想法，想當初西周末年，周幽王為犬戎所害，高帥富大公子平王繼位，但是這是一個崇尚實力的時代，高帥富更發揮不了任何作用。為躲避犬戎，平王帶著全家老少遷都洛陽，東周歷史也正式開始。

自古以來，成王敗寇，而現在作為敗寇的平王日子也並不好過，周王室在東遷後地盤一天天縮小。繼位後的平王董事長雖然不學無術，卻每天對花天酒地的日子特別感興趣，再加上管理能力有限，內部多次發生爭奪王位的鬥爭，因而更趨衰落。這是周王室面臨的第一次衰弱，從此周室面臨分裂邊緣。

時至戰國，風光一時的周王室只佔有都城洛陽及其附近相當於現在十多個縣的一片土地，號稱房東的周天子充其量也只是個縣長而已。但是越來越弱的實力並沒有獲得其他集團的憐憫，然而就已經這樣了，管理高層也不消停，還要嚷著喊著鬧分家。終於，小小的周王室又進行了分裂。

西元前四四〇年，周考王繼位，由於裙帶關係，他弟弟揭于獲封西周桓公。桓公的孫子惠公繼位後，又封他的小兒子班于洛陽東面叫鞏的地方（今河南鞏縣），號為東周惠公。至此，東周、西周政權正式明確了起來。本身就日漸式微的周朝，從此國力就更加不濟了，甚至天子竟到了借高利貸的悲慘地步。

有種說法叫「親兄弟，明算賬」，在東西周這段歷史中體現的也淋漓盡致，哥兒倆經常為了些小矛盾小利益互相攻戰、兵戎相見，而真正傷不起的是周王室。到了周赧王時期，人窮志短的他更是落魄無比，甚至連容身之地也沒有了，堂堂天子落魄如此，真讓人無語。

如果一個國家的分裂能像細胞分裂一樣就好了，分裂後有獨自的細胞核，然後慢慢發展壯大。然而情況往往事與願違，分裂之後的東西周不僅沒有發展壯大，反而為了細胞核的事也爭來爭去，這個細胞核便是象徵周天子權威的九鼎。西周最終笑到了最後，留下了這枚傳國玉璽。

在周王室高調衰落時，此消彼長，這種一反一正的局勢迅速使秦國獲得了成長，秦國在董事長嬴政的帶領下，卻迎來了歷史發展的最好機遇，在秦國內部，武將雲集，各國面對秦國大家無不聞風喪膽，而文臣中由於嬴政注重人才的培養，又四處廣告，高薪聘請有才之士，所以一時間秦國成了各國的楷模和榜樣。

想當年，犬戎肆虐，幽王被殺，是秦襄公挺身而出，率領驍勇的秦族兒女，頂住了犬戎的進擾攻掠，並護送平王一行順利東往洛陽，重建國都。而當時，平王雖然管理能力有限，但混江湖那麼多年，爲人仗義，江湖口碑一直都不錯。別人對他的壞他不一定能記得，但是要是對他好，他也絕對夠意思。

秦襄公因大功獲封諸侯，外姓人被封侯，可以想像秦國的發家史有多麼艱難曲折，既然是諸侯，那一般是有封地的，秦家也因此獲得了昔日周族的聚居地灃、岐一帶，秦襄公不僅成了國家級公務員，還意外的成爲了大名鼎鼎的房地產開發商，有此雙重身分，爲以後的圈地、崛起打下了堅實的基礎。

杜鵑鳥能夠實現鳩占鵲巢，當然秦國也能憑藉手中大把的鈔票滅掉周，四百多年後，因功受封的秦襄公的子孫們日益強大，不但對過去的歷史決口不提，而且絕滅了由周平王傳了廿二世的天子「龍種」。由此可見，後天的努力是多麼重要，人生來就是靠奮鬥的，否則終將被淘汰。

西元前二五六年，秦昭襄王五十一年。耳順之年的秦昭襄王在員工的共同努力下，收到了一份政治上的大禮，名存實亡的東周王朝向秦國投降了，以前的老板周天子以後成了他的下屬。秦昭襄王感到特別的愜意，幾代秦王想都不敢想的事情在自己的任期內成了現實，他怎能不飄飄然呢。

熟悉戰國歷史的人都瞭解，周天子作爲周朝江湖武林盟主，經過代代世襲，到戰國時期掌門人大都武功低微，掌門令很少有人聽從，門下舵主秦昭襄王早想憑藉自己的絕世武功取代周天子，西元前二八八年，他就曾經強行篡過一次位，但周天子雖武功不濟，但祖上餘威仍在，秦昭襄王遭到反對，僅僅一個月就只能通電下野。

作爲諸侯王，秦昭襄王雖然沒有統一天下，但對天子的種種福利待遇羨慕得緊。而秦國是諸侯國中的超級諸侯，除齊國外，沒人能和他抗衡。自信的秦昭襄王很想過一把皇帝癮，於是他通過諸侯王熱線，和齊湣王一拍即合，相約稱帝，齊王爲東帝，秦王爲西帝。

因爲稱帝的事，秦昭襄王特別煩心，自己修養好，武功高，卻始終做整天無所事事的周天子的下屬，有點想法卻又不敢明目張膽的滅掉周王朝，稱帝也只能先從名號上過過癮。哪想到就連這種臭美也僅僅只持續了一個月，就被當時著名的社會活動家蘇秦，以「名不正，言不順」爲由，分化瓦解了齊湣王。

戰國後期的蘇秦可是個家喻戶曉的大明星，我們調到了蘇秦的簡歷，發現非常簡單：蘇秦，男，出身貧農，畢業於鬼谷子軍事專業學校，志向是破壞君王天下事。

我們發現凡是成就大事業的人，生活中總會有一些奇遇。窮苦出身的蘇秦也有奇遇，就是他的老師鬼谷子，學歷不高的他偶然間得到了鬼谷子的賞識，他跟隨這一位奇人學習了縱橫捭闔之術。這種縱橫捭闔之術，雖然不能像將軍一樣馳馬沙場，也不能像劍客一樣一劍封喉，卻能「一怒而天下懼，安居而天下熄」。

蘇秦以優異的成績從恩師鬼谷子創辦的「鬼谷子軍事專業學院」畢業後，也面臨著嚴峻的就業壓力，爲了尋找合適的boss，他開始在世界各地遊蕩，得著機會就露一小手，看看哪個國家能出高工資聘用他。求職簡歷顯示他先後去了戰國七強中的楚國和秦國，自信的告訴這些國家自己能助他們成就大業，結果都被人當眾轟走。

蘇秦的求職之路是坎坷而又屢遭暴力的，蘇秦很納悶，自己雖然是農民出身，但是我有著遠大志向，一直以輔佐君王成就天下事爲己任的呀，爲什麼都看不上我呢？資深就業專家告訴了蘇秦答案：你的確很有才華，但帝王心術神鬼難測，你每次都說出老闆們的心事，就等當於在媒體上公佈他們準備稱霸諸侯，誰還敢用你呢？

剛剛畢業的蘇秦由於鋒芒畢露，雖是一匹罕見的千里馬，卻遇不到伯樂，蘇秦一心想做大事，想不到竟面臨著餓肚子的風險，懷才不遇的蘇秦得上了精神分裂症，整天用「頭懸梁、錐刺股」折磨自己。其實蘇秦不必難過，這段艱難的求職之路是他人生中必須經歷的一個過程，很快他就會受到上天的垂青。

經過一段時間的心理治療，蘇秦精神恢復了正常，可是求職心理發生了改變，他主動降低了門檻，到燕國這個小衙門謀了個差事。蘇秦抱著寧當雞頭不做鳳尾的想法，決心幫助小國抵禦大國的稱霸，從而向世人證明自己的強大。

秦昭襄王和齊湣王相約稱帝的時候，蘇秦正在燕國做著高級公務員，此事發生後，蘇秦分析：齊、秦兩國同時稱帝，絕對不能用心有靈犀一點通來解釋，這充分說明兩個大國之間已經達成了某種協議，不管他們如何協商，強強聯合的結果都是會形成超強的壟斷集團，這對其他各國，尤其是燕國這樣的小國良性發展是不利的。

蘇秦看透了秦昭襄王和齊湣王稱帝後對世界格局產生的影響，明白兩強稱帝後一旦結成同盟，燕、韓、楚、魏、趙被瓜分在所難免。權衡利弊之後，蘇秦通過自己的能力，對齊、秦兩國挑撥離間，兩國一旦對立，就必須拉攏中間勢力，那時候，弱小的諸侯國不但消除了危險，反而會成爲兩大國眼中的搶手貨。

爲了天下弱國能頭頂一片湛藍的天空，蘇秦向燕王陳述了自己的觀點，請求老板批准自己出使齊國，挑撥齊、秦兩國關係。

在燕王的支持下，蘇秦最終圓滿的完成了勸說齊湣王的任務，實現了給齊、秦兩國之間製造裂痕的目的了，可蘇秦的宣傳也讓其他國家徹底瞭解秦、齊兩國的野心，結果導致了兩次世界大戰。

在蘇秦甜言蜜語的勸說下，齊湣王放棄了皇帝的名譽稱號，不過齊湣王卻不是個厚道人，他很有政治想像力，認爲可以利用稱帝事件好好打擊一下秦國。齊湣王通過各種媒體宣告稱帝是受了秦國的迫從，自己是追悔莫及，爲了替老板周天子打報不平，他決心現身說法，還原真相，讓秦國的狼子野心昭示天下。

齊湣王想在稱帝事件上做文章，就藉口爲周天子維權，聯合諸侯聲討秦國。但齊湣王還是江湖經驗不豐富，根本沒有意識到他面臨的諸多困難：首先，秦國的實力和齊國相當，一旦搞對抗容易形成兩敗俱傷；其次，各國情況複雜，由於齊國地緣政治的特點，攻秦必須借道別國，這些國家未必對齊國大軍放心。

在齊湣王心目中，借爲周天子維權的名義組織成立抗秦聯合國軍，不是以打擊秦國爲最終目的，而是要抬高自己和齊國的國際地位，通過號召韓國、趙國、燕國、魏國同時向秦國進攻，從而增加齊國在國際上的發言權。要是真正和秦國拼刺刀，他肯定不幹，因爲那只能增強韓、魏、趙三國的實力，對齊國沒有好處。

得到齊湣王的召喚，韓、趙、魏三國舉雙手贊同跟隨齊湣王攻秦，傻子都會算這筆賬，跟隨身強力壯的老大一起去攻打另位身強力壯老大，肯定比同時受兩位老大的欺凌要合算的多。況且秦國如果遭受重大打擊，綜合國力肯定會倒退，此消彼長等於給了他們更大的生存空間，這麼好的事上哪找去呀！

作爲「挑撥離間秦、齊兩國關係」計畫的發起者和實施者，燕國更是有著攻秦的理由和需求，當然也支持齊國攻秦。齊國勝利的話，作爲戰勝國的燕國肯定能分一杯羹；如果秦國有能力展開反擊，齊國倒楣了，燕國和秦國的領土並不接壤，根本不用擔心秦國的報復。參加這樣的軍事行動，燕國怎會不同意呢？

這場聯合行動還沒有開始，各國就開始打自己的小算盤，這樣的聯合體不失敗簡直天理難容。果不其然，五國聯軍和秦軍耗了一段時間後，進攻的、觀望的、拖後腿的都出現了，步調難以統一，當然不會有什麼成效。韓、趙、魏最終也頭腦清醒了，長期下去，利益是沒有的，得罪秦國是一定的，五國聯盟開始同床異夢的生涯。

還是趙國領導最機靈，看到五國聯軍失敗的必然性，首先派了部長以上級別的高官，跟秦國首腦進行了秘密會晤，會談中，趙國講述了秦趙兩國的傳統友誼，說明了這次聯合攻秦趙國的無辜，強調了齊國的威脅是這次糊塗行爲的主要因素，爲了表示誠意，趙國願意在五國聯軍中作秦國的內應，配合秦軍的反侵略軍事行動。

面對趙國在對抗中向秦國示好，國際社會頗有微詞，都認爲趙國的行爲是投降主義。其實我們不應該譴責趙國的「牆頭草」行爲，爲了保證趙國的利益，趙國只有挑撥秦、齊之間的矛盾，逼迫齊國認真攻打秦國，畢竟趙國長平之戰後，軍事上已經淪爲二流國家，想再和秦國搞軍事對抗只能借助哥兒們的力量了。

其他國家聽說趙國和秦國親密接觸之後，一邊譴責趙國的不仗義，一邊效仿趙國，去跟秦國進行了接洽。這樣的歪風邪氣徹底瓦解了五國聯軍的戰鬥意志。本著實事求是的原則，各國都認爲再打著攻秦的幌子也沒有任何意義了，還不如早點回家抱

孩子睡覺。五國聯軍正式解散，齊國也在這次攻秦中和各國都結下了梁子。

五國聯合攻秦的鬧劇最終以失敗告終，雖然這次聯合攻秦並沒有給秦國帶來實際的傷害，但秦昭襄王仍感到自尊心受到傷害，一直對齊湣王組織五國聯軍的舉動懷恨在心。西元前二八四年，經過三年的精心準備，秦國出面組織秦、韓、魏、燕、趙、楚六國聯軍，正式向齊國開戰。

六國聯軍伐齊之前，秦國軍事委員會做出了詳細的戰前分析。秦國總結了上次齊國伐秦失敗的原因，最終認定是齊國的信心不夠堅定，才導致聯軍離心離德。秦昭襄王吸取了齊國失敗的教訓，主動放棄了六國聯軍的主導權，通過暗箱操作，推舉燕國的大將樂毅爲聯軍總司令，表明秦國攻齊的堅定態度。

在六國聯軍伐齊戰前總動員會上，秦昭襄王作爲德高望重的領導，代表各國諸侯王講了話，在表明秦國在此戰中的決心之餘，引用上次聯軍攻秦的失敗戰例，側面警告各國要齊心協力，步調一致，否則事後秦國會給他點顏色看看。秦昭襄王高水準的演講使各國免除了後顧之憂，都齊聲表示願意甩開膀子跟著秦國幹。

這次秦國組織的六國聯軍完全是明星陣容，軍中將星如雲，燕國的樂毅、趙國的廉頗，這些將領的加盟可以說是戰國時期的最豪華組合。反觀齊國，長年征戰令將士

非常厭倦戰爭，國內經濟疲軟，綜合國力不斷下降，外匯儲備空虛，外交更是一場糊塗。因此這場戰爭沒開始就已經決定勝負了。

六國聯軍雄赳赳、氣昂昂，揮師東進伐齊，正如戰前指揮部的預料，齊軍在濟水對六國聯軍進行了瘋狂的阻截。這也難怪，齊國處在東部的平原地帶，明知道兵法中據險而守的道理，可是國內無大山大川之險可以阻隔敵人，只有濟水還勉強算得上有險可依，因此齊國在此集結了全國絕大多數的兵力，誓死堅守最後的防線。

決定戰爭勝負的因素是多種多樣的，其中人心向背是戰爭勝利的關鍵因素，齊軍本來就對戰爭有反感，這次為了保衛家園，有心抗敵，但是實在是心有餘而力不足。六國聯軍全體將士士氣高漲，在樂毅將軍的率領下，強攻濟水。

名將的軍事才能就是不一般，六國聯軍在濟水和齊軍打了一場遭遇戰，在濟水西岸防守的齊國部隊全軍覆沒。

由於齊國在此投入了絕大部分的兵力，戰敗後，齊國軍事實力幾乎消耗殆盡，很難再對六國構成威脅了。韓、魏出於自己國家利益的考慮，打起了退堂鼓。秦、楚兩國也想保存齊國的實力牽制其他幾個小國，於是六國就地分贓，撤兵回國了。

齊國看到六國聯軍分贓之後解散回國了，長出了一口氣，總算是躲過這一劫了。齊國高興得太早了，聯軍雖然解散了，但由於聯軍中的燕國卻沒有撤兵，這次六

國行動，由燕國的名將樂毅做總司令，作爲那個時代的久負盛名的將軍樂毅有著對戰局、時事敏銳的洞察力，由於樂毅的堅持，齊國最終遭受毀滅性的打擊。

燕國名將樂毅在六國聯軍伐齊之後，沒有隨其他國家退兵，而是上書燕王，建議燕國痛打落水狗，繼續對齊國進行打擊。樂毅知道，六國伐齊只是打擊了齊國的有生力量，但齊國的家底還很深厚，百足之蟲死而不僵，如果不鞏固戰果，乘勝追擊，等到齊國喘口氣之後，肯定會對參戰各國做出難以預料的報復。

樂毅不愧爲軍事方面的專家，齊國新敗之後，他前瞻性的認爲要想避免齊國戰後瘋狂的報復，應該一鼓作氣擴大戰果，盡可能的攻佔齊國，最不濟也要把齊國兩條腿打殘廢，讓它永遠站不起來。樂毅的老闆燕王和他不謀而合，也認爲這是燕國崛起的大好良機，就下令樂毅全權做主，乘勝徹底擊垮齊國的有生力量。

燕王和樂毅都認爲應該繼續打擊齊軍，於是在其他五國退兵之後，樂毅率領燕軍，一舉拿下齊國的七十多座城池，打到了齊國的首都臨淄，嚇得齊王落荒而逃。最後在多國斡旋和國內政治因素的影響下，樂毅被迫率軍回國。

這次燕國單獨攻齊雖沒有完成滅亡齊國的使命，但也徹底動搖了齊國根本，齊國從此一蹶不振。

不管是齊國組織攻秦還是秦國組織攻齊，兩次事件的導火線都是因爲秦昭襄王想過把稱帝的癮。人生的第一次往往很難忘，秦昭襄王第一次稱帝所引發的兩次戰國大戰讓他感觸良多，這次稱帝爲他以後的獨霸諸侯事業積累了寶貴經驗，讓他明白了要想國家興旺、民族富強、國際地位提升，只能靠自己單幹才能實現。

雖然秦昭襄王第一次稱帝以失敗告終，但他始終在夢裏看到自己再次成爲天子的威儀，抱著對稱帝事業的執著追求，他始終在默默地等待機會。

西元前二五六年，他終於聽到了一個好消息，周赧王親自拉起隊伍，並發出天子令命令聚合其他諸侯，準備伐秦。昭襄王知道實現夢想的機會終於等到了。

如日中天的秦昭王正愁找不到理由挑戰周天子，卻沒想到沒眼力的西周公竟然參與了聯合抗秦的軍事運動會，更悲劇的是，竟然打著自己周王的旗號合縱抗秦，傻傻的當了個活靶子。

在這種可笑的背景下，東方各國各懷鬼胎，又一次聯合抗秦，然而，這並不是清末的八國聯軍，一經參與就注定是個失敗！

西元前二四二年，聲勢浩大的秦軍在所向披靡的司令員摎的帶領下，迅速到達了西周的老巢，平常也沒怎麼鍛煉過身體的西周公嚇得魂不附體，連忙向秦軍舉了白旗，並且完全放下了龍種、天子的架子叩頭認罪，並將其所轄的三十六個城邑、三萬人口全都獻給秦國。次年，秦將代表天下的九鼎，從西周搬到秦都咸陽，從此霸氣外露。

次年，秦將代表天下的九鼎搬到了咸陽。

說到九鼎，其傳說不能不提。雖然九鼎有那麼高的知名度，其實現在看來就是個象徵意義，九鼎相傳爲夏禹所鑄，象徵華夏九州。夏、商、周時奉爲國寶，擁有九鼎者即爲天子。成湯滅夏桀，將九鼎遷到商邑。武王滅紂，又將九鼎遷於洛陽。這象徵著天子權力的九只寶鼎，長期收藏在周王室的宗廟裏。

很可惜，如果它像原子彈或者航空母艦那樣有巨大威力，周或許就滅亡不了，最起碼滅亡不了那麼快，周王室衰微以後，一些諸侯國開始覬覦九鼎。他們以爲，如果得到此物，就能挾天子而號令天下，稱霸、稱王，這種不謀而合的統一看法也給他們帶來了常年征戰相互爭奪的局勢，還不如每個單位自己刻個公章的好。

西元前六〇六年，楚莊王揮師北上，飲馬黃河，帶領楚國子弟兵著實在國外瀟灑了一把。周定王也是個軟骨頭，看到楚莊王這麼神氣，就派使者去慰勞，楚莊王竟問起九鼎的大小、輕重，流露出取而代之的意圖。「問鼎」一詞由此出現，其霸氣之意也自然流露的淋漓盡致。

其實楚莊王大可不必爲問鼎一事感到自己做得過分，因爲他也就是隨口問問，過

過嘴癮罷了，而秦國卻喜歡實在的，在此次奪得九鼎之前，秦國就覬覦這九只鼎很久了，每次去周王室那裏敘舊、旅遊，參觀九鼎都是必有項目之一。有次，秦王實在按捺不住跑到周老哥那裏，好話說盡，連哄帶騙，周王室仍然不答應。

在此次奪得九鼎之前，秦國就覬覦這只九鼎很久了。有次，秦王實在按捺不住跑到周老哥那裏，好話說盡，連哄帶騙，周王室仍然不答應。性格急躁的秦王頓時起了動粗的念頭，周王室趕緊連忙向齊求救，沒辦法，自己實力不強只能低頭求人了。齊兵出、秦兵退。可是周王室萬萬沒想到，這只是引來了另一隻狼而已。

齊王幫周王室保住了九鼎，沒想到齊國也是無利不早起，提出了和秦國一樣的要求：想要九鼎。周遂派縣城裏最大的滑舌王顏率到齊國忽悠齊王。顏率說：

「您老大哥既然說要九鼎，我本應該雙手奉上，但是要把九鼎送來，必然得經過魏國或楚國。魏國、楚國那群鼠輩要是知道這事，肯定想都不想便把它截去。」

周天子忽悠齊國說九鼎要八十一萬人才能拉動，齊王還真是老實，便暫時擱置了要九鼎的念頭。

西元前二五五年，周朝滅亡之後，九鼎到了秦都，一點兒都不像顏率說的，需要八十一萬人才能拉得動。獲得九鼎的秦國可以說氣焰上又囂張了數倍。

九鼎的獲得，現實了秦國國力的巨無霸，可以說秦國氣焰上又囂張了數倍，說打誰就可以打誰，怎麼打都是名正言順，一向欺軟怕硬的各諸侯國的老大們心中大驚，惹不起咱不惹，爭先恐後的派出專使到秦國祝賀。對於這件事，一向自大自滿的秦國特別記載在自己家的發家史裏，說有「天下來賓」這麼個事。

通過非法手段獲得九鼎後的秦國野心越來越大，在爭取早日實現統一宏偉藍圖面前，其他阿諛奉承之類的這些緩兵之計已經起不到什麼大的作用了。

秦國之所以能在六國中脫穎而出，除了軍事實力強大之外，和他們有著冷靜的頭腦也有很大的關係，因此得到九鼎的秦國並沒有裹足不前，最起碼侵略還是要繼續。

獲得九鼎後的秦國總經理野心越來越大，在爭取早日上市的宏偉藍圖面前，其他小公司的阿諛奉承已經算不上什麼了。西元前二四七年，不堪忍受秦國壓迫的魏國信陵君再次組織了聯軍合縱抗秦，不過只有楚、趙、魏、燕、韓五國回應。但怒火在心，將士們驍勇善戰，五國聯軍打敗秦將蒙驁，並追至函谷關而還。

債臺是怎麼築出來的？

東周王朝的最後一任天子周赧王姬延，是個有理想沒能力的熱血青年，他接替老爸掌管周朝時，周王朝已經是夕陽國家，他的地盤只有三四十座城池，治下僅僅三萬

多人口。反觀他的名義下屬，隨便挑出來個諸侯國，都比他實力強大。不過周赧王姬延作爲理想青年，整日像得了失心瘋似的，要恢復周朝以前的威風。

周天子周赧王姬延自從坐上天子之位後，就沒過過一天舒坦日子，每天都憂心忡忡的，作爲老大，他手下的小弟不聽使喚不說，還老是內訌，尤其是秦國，不斷發起對外戰爭，搶奪兄弟們的地盤，況且秦國還有過爭當老大的前科，經過幾輩子的努力，現在的周王朝已經處在朝不保夕、內憂外困的風雨飄搖之中。

雖然周朝到了周赧王姬延這一代，往日的威風徹底不再，江河破碎，處境岌岌可危，但周赧王畢竟還是名義上的老大，雖沒實權，但各項待遇福利不變，在這種情況下，周赧王應該認清形勢，保住這樣的局面，起碼可以繼續做有職無權的老大。可姬延卻整日夢想一統江湖，最終東周王朝徹底斷送在他這種不切實際的想法之中。

周天子姬延在沒有認清形勢的情況下謀劃一統江湖，首先，他把目光對準了日漸強大的秦國，讓人感覺到姬延獨具的「柿子專找硬的捏」的不怕死精神。考慮到自己是個標準的軍事盲，姬延把當年秦國收拾齊國作爲戰爭模式，召集諸侯國一起攻秦，他這種逆歷史潮流而動的想法和做法，得到了全世界愛好和平者的不滿。

雖然人們對周天子姬延的攻秦戰略不是很理解，但他決心很大，先在自己的領地徵召了一支五千人的隊伍，沒有武器和糧草，他就向境內的大款們借高利貸，承諾他日班師回朝，奉還雙倍利息。準備好了這一切之後，姬延又向六國發出了「天子令」，約六國諸侯帶兵到伊闕會合，聯合攻擊秦國。

姬延抱病率領五千人大軍在伊闕等了三個月，可憐這些人每天在風吹、日曬、雨淋中焦急等待諸侯軍隊的到來，結果只有楚國和燕國派了幾萬軍隊來慰問了一下周天子，其他四國壓根就不把他當回事，連個使者都沒有見到，派兵更是不可能的事。姬延算是明白他所謂的周天子到底價值幾斤幾兩了。

姬延號召手下諸侯聯合攻秦，結果幾乎沒人回應，姬延鬧了個自找沒趣，無功而返，這是典型的窮折騰。他整天嗷嗷著指東打西，聲勢浩大的舉動引起了秦國高度關注，更要命的是沒等秦國找他麻煩，姬延的王宮就被人包圍了，當初借給他高利貸的債主們拿著白條逼他還債。

牆倒眾人推，鼓破萬人捶。秦國的威脅、債主的逼迫讓姬延陷入了困境，秦國威脅只是口頭上的，暫時不考慮。可惜的高利貸可是要還的，然而姬延這次出征，一場仗沒打，自然得不到戰利品，讓他拿什麼還債？無可奈何的姬延就跑到後宮的一座高臺上躲債，他的這一無奈舉動給後人留下了「債臺高築」的成語。

秦昭襄王整日夢想取代周老大，既然現在周天子主動向秦國挑起戰端，就別怪自已不客氣了，他派兵嚴密監管周朝的領地，通過全方位、多角度的積極宣傳，姬延明白秦國統一天下已經是大勢所趨，識時務者為俊傑，乾脆投降算了，都是炎黃子孫，向秦投降不丟人，況且還可以爭取到秦國銀行的貸款還債呢。

姬延投降秦國後，秦昭襄王沒有虧待這位昔日的老大，封姬延為周公，至此，東周王朝正式宣告破產。

自古以來，亡國之君大都會遭人唾棄，不過，姬延跟夏王朝的最後一任君主夏桀、商王朝最後一任君主殷紂相比，情況還是不錯的，最起碼他沒有落個暴君的惡名。周王朝雖然毀於他手，但他沒有理由為此承擔全部責任。

西元前二四二年，已經老邁的西周公周赧王眼睛一閉不睜，相繼死去。赧王一掛，名義上的縣級天子也算是沒了。又過七年，即西元前二四九年，子承父業的新任經理秦莊王又將東周滅亡，反正是每一屆領導人都要做出點兒政績出來的，也活該東周點兒背。至此，存在了八百多年的姬姓周王朝，灰飛煙滅。

歷史之所以能夠引人注目，除了它能實現文化的傳承之外，還因為歷史中有著無數的巧合，給人留下奇妙的想像空間。西元前二五六年，東周王朝投降秦國，大秦皇朝一統天下勢在必行。與此同時，在一個叫沛縣的小地方，一個叫劉邦的嬰兒也呱呱落地，大秦皇朝還沒有建立，歷史老人已經為他選擇好了掘墓人。

傳說中的欲擒故縱

西元前二五五年，秦昭襄王五十二年的一天，秦昭襄王坐在王宮內，浮想聯翩，一種滿足感油然而生。自己做了秦國君主那麼多年，對內重新梳理整合，掃除各種政治障礙，對外實行軍事擴張，打擊一切可能威脅秦國的勢力，幾十年間秦國綜合國力不斷提升，版圖不斷擴大，幾乎爲子孫一統天下掃平了所有障礙。

秦昭襄王是個有自知之明的人，他明白自己已經老了，客觀規律告訴他，總有一天國家的權力要交給接班人安國君，可兒子安國君好色淫荒，沒有足夠的威信和能力統治國家。爲了江山的穩固，爲了秦國能在世界立於不敗之地，秦昭襄王在繁忙的公務之餘，一直在清理對秦國有潛在威脅的那些人和事。

爲了讓兒子能輕鬆接管秦國政權，秦昭襄王一直在清掃有可能威脅國家的政治流氓。白起是第一個被清除的對象，他的死，很大程度上就是這個原因。白起是第一個，絕不是最後一個，就在白起向閻王哀嘆秦昭襄王對自己不公時，沒想到很快看到了自己的老朋友、老對手，范睢也到閻王那兒報到了。

出於對白起的妒忌之心，長平之戰後，范睢通過自己對老板秦昭襄王的影響力，

成功陷害了白起，致使白起含恨而死。自以爲聰明的范睢其實根本沒有看透白起死亡的真正原因，就在范睢還在爲競爭對手的死而高興的時候，做夢也沒有想到，同樣的命運也落在了自己身上，秦昭襄王馬上要向他舉起屠刀。

白起死後，秦昭襄王仍舊按照白起的作戰方案繼續進攻趙國，最後對趙國首都邯鄲實施了包圍戰。

包圍邯鄲後，由於王齕攻城不利，范睢就向上級秦昭襄王推薦好哥們鄭安平爲將。鄭安平是魏國人，也是當時的名將，當年范睢落難，無奈從廁所裏逃生後，就是鄭安平收留了他，從此范睢和他結下了革命情感。

范睢打著爲國選才的幌子，推薦鄭安平爲包圍邯鄲的秦軍總司令，其實是有私心的。范睢把鄭安平推上秦國第一武將的寶座，那麼他們哥倆在秦國一文一武，可以共保福貴。

誰知機關算盡太聰明，反誤了卿卿性命，鄭安平本身在軍隊過著高級將領的安逸生活，范睢硬要他去爭取進步，結果害得鄭安平丟了性命。

鄭安平通過范睢的幫助，到邯鄲前線任總司令，新官上任三把火，可他連一把火都沒燒就被趙國外援春申君、信陵君分割包圍了。原來圍攻邯鄲的秦軍大都是白起的舊將，由於白起陰魂不散，這幫人早就看范睢不順眼了，現在鄭安平打著范睢的旗號來上任，更是激起了軍憤，軍隊都不聽他的調度，不打敗仗才怪呢。

由於在包圍趙國首都邯鄲之戰中，王齕作戰不力，總司令換成了鄭安平，誰知他剛上任就被趙國援軍包圍，鄭安平是個軟骨頭，爲了保住小命，就帶隊投降了，樹倒猴孫散，剩下的幾支秦軍也都被逐一消滅。鄭安平這種丟國家面子的事，在秦國輿論界引起強烈反響，本著懲前毖後的目的，鄭安平依法被誅九族。

秦國在攻趙的關鍵時期吃了敗仗，國際形象受損，但秦昭襄王在憤怒之餘，卻還有些高興。不用懷疑，他是因戰敗導致腦殘，他欣慰的是，這次失敗把白起的忠實粉絲全部借外人之手了。按照責任倒查的原則，前線總司令是范睢推薦的人，如果追究起來，范睢有舉薦不當的責任，可一向嫉惡如仇的秦昭襄王卻沒有處分范睢。

哥們鄭安平戰敗投降，作爲舉薦人范睢卻沒有受到處罰，這讓范睢產生了一種錯覺，秦昭襄王是離不開自己的。其實范睢想錯了，秦昭襄王不是不處分他，而是故意饒了他，他需要時間來搜集范睢更多的罪證，所以暫時由著范睢折騰，這就是傳說中的欲擒故縱，等找到足以治范睢死罪的時候，他就可以名正言順的置范睢於死地。

義氣的范睢安排許多親朋好友在政府任職，其中河東郡守王稽也是其中之一。秦昭襄王五十二年，王稽被指控通敵賣國，秦昭襄王在沒有走司法程序的情況下，就直接處死王稽。秦昭襄王自然不會放過這次剷除范睢的良機，他當眾點名責問范睢，爲

什麼他推薦的人都犯這種叛國罪，是不是和他個人動機有關係。

范睢真是個倒楣蛋，他經手的兩起人事安排都以叛國罪被起訴，這關係到對國家的忠誠問題。在輿論和秦昭襄王的強大壓力下，他趕緊發表講話引咎辭職，想用自責逃避死刑。秦昭襄王爲了等到這一天費盡了心機，能讓范睢這麼蒙混過關麼？於是在范睢回老家的路上，一齣悲劇重新上演，范睢被賜毒酒一杯。

客觀的說，范睢很有才，他來到秦國後忠心耿耿輔佐秦昭襄王，爲上面出了很多流氓但很實用的點子，秦昭襄王能在政治鬥爭中站穩腳跟，范睢居功至偉。但范睢在百忙之中忽略了個人素質的培養與提高，他文學功底深厚，卻忽略了急流勇退這個詞語，最終落得和文種、伍子胥一樣慘澹收場。

或許聰明的范睢早就想到被秦昭襄王拋棄的那一天，但他還是抱有僥倖心理，認爲自己對秦昭襄王貢獻很大，舊老板老了，他的兒子將來更需要他的輔佐，秦國未來的發展建設離不開他。他錯了，正是因爲安國君的無能，秦昭襄王才不會留下這位有著流氓作風的重臣。范睢用自己的生命證明僥倖心理是要不得滴。

保護野生動物的世界級名人

如果用一個字來形容戰國時期，那就只能用「奇」字，這期間有著無數的奇人奇事，當然也有著奇特的國家存在，衛國就是一個非常奇特的國家。

西元前二五四年，即秦昭襄王五十三年，魏安釐王殺死衛懷君，衛又一次亡國。但到始皇帝統一天下，衛國還弱弱的存在著。這不是風靡一時的實境魔術，而是歷史事實。

在戰國這個弱肉強食的年代，戰國七雄尚且面臨生存危機，衛國作爲一個彈丸大小的諸侯國，卻過著非常愜意的日子，當然不是因爲他有原子彈之類的秘密武器，而是因爲它太弱小了，小到其他國家都不好意思去攻打它。

弱小的衛國是幸運的，它的興亡，在中國歷史也是非常罕見的。

衛國是周文王的幼子康叔的封地，從建國到秦二世胡亥廢掉衛國的爵位，共經歷三十五君，延續了八三八年，其間衛國滅亡了兩次，又兩次建國，不得不讓人感嘆它的生命力強大。衛國雖然國土面積不大，但衛國曾有一位世界級名人衛懿公，他曾建立了世界上第一個「野生動物保護協會」，並自任會長，開創了保護野生動物的先河。

當今世界對野生動物的保護已經提到了一個空前的高度，但春秋時期，作爲衛國君主衛懿公這麼做卻有點玩物喪志了，趁他心不在國，鄰居狄族侵佔了衛國領土，衛懿公也駕鶴西遊去了，衛國第一次滅亡了。然而，衛國在齊國國主齊桓公小白的幫助下，不但復了國，國土面積反而擴大到了齊國的疆域。

齊國國主齊桓公小白，人稱「戰國及時雨」，他曾與衛國簽訂過「和平共處五項原則」，並承諾如遇到外族入侵，齊國有義務去打抱不平。衛國後人在亡國後找到他，他二話沒說，率軍趕走了衛國入侵者。衛國新君感激不盡，臨走時一直送出國境三十多里。根據國際慣例，齊桓公大手一揮，把衛國境外的三十多里都劃歸了衛國。

距離第一次亡國四百多年，衛國再一次遇到了生存危機，魏安釐王親自帶隊滅了衛國。原來魏國在馬陵之戰時敗給了齊國，從此元氣大傷，一蹶不振。魏安釐王想找個機會重塑國家形象，獲得其他諸侯國的尊重，可能力實在是有限，力量也不允許。爲了展現昔日威風，魏安釐王挑了個軟柿子捏，滅了衛國。

魏安釐王欺負弱小的衛國，引起了國際社會的極大憤慨。但口頭譴責改變不了衛國滅亡的事實，時代在發展，社會在進步，戰國時局也在混亂，各國都爲私利忙的不可開交，像春秋五霸那樣講「仁義」的大國還會有嗎？衛國告訴你「有！」說出來誰也不信，這次秦昭襄王「路見不平一聲吼」，拔刀相助幫衛國復了國。

秦國崇尚武力強國，信奉弱肉強食，爲什麼這次一反常態，充當了國際員警，幫衛國復國呢？秦國只能說不是故意，原來秦昭襄王五十三年，各國都來向他朝拜，結果魏國使團路上堵車，遲到了。秦昭襄王認爲是對他的不尊敬，就派兵攻打了魏國。秦國佔領魏國後出於種種考慮，做了個順水人情，讓衛國重新復國了。

歷史是公正公平的，它的最公平之處就在於不管你是誰，做出多麼偉大的貢獻，都得到閻王那兒去報導，爲後人的發展留下足夠的空間。

秦昭襄王五十五年，秦昭襄王感受到了前所未有的成就感，四方朝拜，各國順服的感覺就是爽！但歷史老人告訴他，你想吃啥喝啥得抓緊時間，老天留給你的時間已經不多了。

西元前二五一年，秦國最偉大的領袖之一，君主集權論的探索者秦昭襄王因病醫治無效，於秦都咸陽去世，享年七十三歲。他去世後，秦國全國陷入巨大的悲痛之中，人們對秦昭襄王展開各式各樣的哀悼活動，紀念這位爲秦國強盛做出突出貢獻的國家領袖。

秦昭襄王去世後，《秦國日報》發表了悼文。文章指出，秦昭襄王五十五年的從政生涯當中，秦國在經濟、政治、軍事、文化等各領域都取得了長遠的發展，在他的努力下，六國的實力得到實質性的削弱，他站在歷史的高度，前瞻性地掃除了對王權有威脅的勢力，爲孫子始皇帝最終統一六國打下了堅實的基礎。

縱觀秦昭襄王一生，他取得這種舉世矚目的功績並不是偶然，年輕時，他就注重加強個人素質的培養，強調君主集權和重用布衣客卿對國家建設的重要性。他任用賢能，打擊了秦國的分封貴族，創造性地爲秦國選擇了一條順應歷史潮流的發展道路，在他的不懈努力下，秦國走上了一條康莊大道。

秦昭襄王的一生，是不斷鬥爭的一生。他少年繼位，由於年齡的關係，母親宣太后一直垂簾聽政，在范睢到來秦國之前，宣太后和她的娘家黨，一直對秦國的政局起著導向作用。作爲一個有志的君主，老媽親戚的專權、舊貴族舊勢力的頑固，讓他成了沒有實權的花瓶君王，想按照自己的思路治理國家，非常困難。

困擾秦昭襄王的國內政治格局，其實在其他諸侯國中同樣存在，戰國時期，貴族掌權不僅是一種潮流，更是時代使然，由於沒有有效的監管制度，貴族們權利巨大，甚至可以凌駕於法律之上，治國需要能臣，而行政資源掌握在貴族手裏，他們沒有能力，卻廣招門客，賢能之士沒有門路，只能做貴族們的幫閒人。

秦昭襄王找到了制約國家發展的原因所在，爲了能招納賢才爲秦國所用，他大膽進行人事制度改革，採用「不問出身只唯才」的幹部任用體系，吸引了包括范睢在內的國際人才爭相赴秦應聘，在范睢的輔助下，秦昭襄王一步步將王權集中。制度的開放、政治的清明，爲秦國實現可持續發展提供了有力的保證。

在秦昭襄王的任期內，他在范睢謀士的幫助下，實現了政權的穩固、國家權力向君王高度集中、軍事實力強橫，秦昭襄王爲成爲一名手握國政、獨斷專謀、操生殺大權的真正國君殫精竭慮，他所構建的國家政治體系，後來成爲始皇帝組建國家的樣本，爲中國封建社會實現皇權的無限性提供了探索。

安國君嬴柱在漫長而又焦急的等待中聽到了老爸的死訊，老爸死後，他還沒來得及痛哭，就按照繼承法的規定繼承了王位，史稱秦孝文王。

秦孝文王開始了長達一年的守靈生活，托老爸的福，嬴子楚也終於熬上了太子的寶座，當然，他不知道的是僅僅一年後，被酒色榨乾身體的安國君就給他騰出了秦國的王位。

爲了顯示對老爸秦昭襄王在天之靈的尊重，秦孝文王簽署一號君王令，要求全國一年內不動干戈，這對常年遭受征戰之苦的秦國，乃至世界百姓們來說，絕對是一個好消息。

Q 世界上最大最早的無壩引水工程

和平才會有發展，就在這一年，秦國的水利工程建設，在蜀郡守李冰的帶領下取得了歷史性的突破，建成了舉世聞名的都江堰。

秦昭襄王不愧為有著雄才大略的君王，他很有發展眼光，很早就明白物質基礎決定上層建築的道理。在秦國爭到蜀國的地盤後，蜀地就成了秦國最重要的生產資料基地，為了讓這個大糧倉實現連年豐收，他在蜀地任命了李冰做郡守，這個李冰雖不懂軍事，也不熱衷政治，卻是一個合格的水利工程師。

在秦昭襄王的提名之下，蜀國郡守李冰兼任包工頭，主持修建了都江堰水利工程，這個偉大工程的修建，又一次證明了秦昭襄王的眼光獨到。都江堰作為目前世界上最大、最早的無壩引水工程，設計巧妙，就是用現代水利工程學最挑剔的眼光去審視，也找不出李冰設計上的瑕疵，李冰也因此獲得了戰國工程設計大獎。

秦孝文王在為老爸昭襄王守靈的過程中，要求全國一年內不得妄動干戈，秦國成了本年度內和平主義的宣導者，就在秦國建立和發展和諧社會的同時，其他六國顯然沒有這種覺悟，沒有了秦國的壓抑，長期繃緊的神經慢慢放鬆起來，爲了顯示自己國家的存在，他們開始蠢蠢欲動，自己折騰起自己來了。

燕國在戰國七雄之中一直清心寡欲，這也難怪，燕國國土面積很小，又處在土地貧瘠的邊境地區，開發潛力不大。燕王本著務實的原則，注重止戰息兵，把國家主要精力都投入到了經濟建設當中，本身愛好和平，再加上有易水做屏障，燕國跟其他國家一向相處和睦，生活平靜，不過這一切在樂毅到燕國後發生了改變。

樂毅是當時聞名各國的軍事明星，就連後世的諸葛亮也是樂毅的粉絲之一，他的才能可見一斑。樂毅的軍事才能得到充分展示，那是要感謝秦昭襄王的，六國伐齊選舉時他爲總司令，率領聯軍取得輝煌戰果，戰後他在上級的同意下率軍直逼齊國首都，燕國在那場戰爭中，嘗到了打仗的甜頭，總想找個機會再發一次戰爭財。

趙國最近幾年經歷了長平之戰、邯鄲之圍的戰爭消耗後，國家元氣大傷，國內矛盾重重。西元前二五一年，剛剛繼位四年的燕王僖，急於表現自己的豐功偉績，於是他拋棄了燕國作爲中立國立場，眼睛放出了貪婪的光芒，趁著趙國虛弱，到趙國去占點便宜，再發一把戰爭財，結果便宜沒占到，還落了個割地賠償的下場。

燕國想趁趙國病，要了趙國命。不過燕王僖也是個狡猾男，他沒有直接派兵攻打，而是派遣宰相栗腹，以人道主義救助爲名去趙國打探虛實。情報專家栗腹從趙國

回來後，告訴燕王僖通過偵查，目前趙國軍事素質較差，士兵多為老弱病殘，國內經濟危機嚴重，政局由孤兒寡母支撐。燕王僖決定向趙開戰。

對於燕王僖準備趁火打劫趙國，樂毅的兒子樂間是有看法的，俗話說老鼠的兒子會打洞，那麼將軍的兒子會打仗也沒啥好奇怪的。他認為趙國常年打仗，戰鬥經驗豐富且全民皆兵，而燕國遠離戰場，作戰能力不強，況且兩國一向友好，這次攻趙師出無名，乃是不義之師。因此樂間得出結論：如果攻趙，燕國必敗無疑。

對於人才，尤其是樂間這樣的人才，燕王僖一向尊重，可想到一旦攻趙成功，自己能夠獲得難以想像的名和利，在巨大的利益驅動下，他再也hold不住，最後還是不顧廉恥的發動了侵趙戰爭。燕王僖在歷史上的貢獻是很大的，他的利慾薰心、鼠目寸光，為後人展示了以少勝多的經典戰例。

趙國聽到燕國派兵侵略自己的消息，趕緊任命老將廉頗為帥，集全國之力打一場趙國保衛戰。情報顯示，燕軍共計六十萬，兵分兩路，分別攻取趙國的鄗邑和代郡，計畫在絕對的優勢兵力下，狠狠的去趙國搶掠一番。面對燕國的進攻，廉頗不怒反而高興，他自信的認為壓抑了幾年的趙國出口惡氣的機會來到了。

燕國應該感到悲哀，使出吃奶的力氣去侵略趙國，結果趙國大將喜出望外，看來人家根本沒把他們國家當回事。也難怪廉頗高興，長平之戰中在急於求勝的趙成文的錯誤指導下，趙國慘敗，國際形象嚴重受損，這次失敗是廉頗心中永遠的痛，現在燕國主動提供給趙國重塑形象的機會，怎能不高興呢？

有了機會還要善於利用，廉頗清楚戰爭是一把雙刃劍，稍一失誤就滿盤皆輸，在仔細分析了雙方形勢後，他認爲趙國形勢並不樂觀，敵軍數量是趙軍的幾倍，且相互照應，如正面攻擊把握不大。廉頗決定用少量的兵力，攻其一軍，引誘另一軍支援，從而形成坐地打援之勢，達到集中優勢兵力消滅敵人有生力量的目的。

在廉頗正確而又先進的作戰指導思想下，作爲曾經的燕國名將，樂毅沒有顧及自己的私人感情，率領五萬人馬，在代郡纏住了卿秦的軍隊，兄弟被圍，栗腹當然要去救援，誰知剛剛下達救援令，就遭受到了趙國老將廉頗的猛烈攻擊。十五萬趙軍打了燕軍一個措手不及，燕軍很快潰不成軍，帶隊領導栗腹也被戰前斬首。

在代郡苦苦等候援軍的燕國大將卿秦終於等來了軍隊，不過很遺憾，等來的是廉頗的隊伍，廉頗和卿秦打起了心理戰，把栗腹的人頭掛在自己的馬脖子上，給卿秦的軍隊增加心理威懾。忠厚的卿秦開始遭到樂毅的佯攻，由於不辨虛實，一直在緊張中苦等援助，結果等來了和樂毅前後夾擊的廉頗，命苦呀！

燕國大將在代郡受到廉頗和樂毅的前後夾擊苦不堪言，可命苦不能怨政府，心理戰專家廉頗馬頭上掛著燕將栗腹的腦袋，毫不客氣的對準燕軍猛攻，燕軍看到主帥被

殺，軍心動搖，戰鬥力急劇下降，很快便被趙軍擊潰逃跑，廉頗發揚痛打落水狗的精神，率領趙軍一口氣打到了燕國的老窩薊城。

燕王僖耐不住寂寞，不安分守己，本來想趁趙國虛弱去趙國瘋搶一把，滿足一下自己的虛榮心和強烈的物質欲望，結果不義之財沒有得到，卻等來了廉頗對燕國首都的包圍。燕王偷雞不成蝕把米，賠了城池又折兵，無可奈何之下，和趙國簽了「城下之盟」，向趙國割讓了五座城池，才把廉頗老將打發走。

＊微歷史大事記＊

西元前二五九年　嬴政出生

西元前二五九年九月　秦國派王陵攻趙

西元前二五七年　信陵君竊虎符救趙

西元前二五六年　周天子姬延號召列國攻秦

西元前二五六年　周朝滅亡

西元前二五一年　秦昭襄王去世，秦孝文王繼位

西元前二五一年　嬴異人被立為秦國太子

秦皇起始篇

我的未來不是夢

素人變身記

西元前二五一年，秦昭襄王仙逝，到西方找如來下棋去了。按照秦昭襄王的遺囑，安國君作爲太子合法繼承秦王位，史稱秦孝文王，華陽夫人被封王后，嬴異人功德圓滿被立爲太子。可按照秦國傳統慣例，老爸去世，兒子必須爲老爸守靈一年，因此，秦昭襄王去世後，安國君只能在一年的守靈期過後才能真正成爲秦王。

古人有云：有福不在忙，無福跑斷腸。西元前二五〇年十月初四，剛剛結束了爲期一年的守靈生活的秦孝文王正式登上了王位，誰知他的登基儀式還沒有全部完成，他就去世了。秦孝文王倉促死亡，減輕了老百姓的經濟負擔，本著勤儉節約的精神，嬴子楚完全可以撿他父親的現成，直接使用父親的登基儀式。

異人還是很誠信的，一登基便對呂不韋封侯拜相。呂不韋聽到消息後，高興得險些抽了過去，付出終於有了回報，辛苦那麼多年，終於翻身了。呂不韋一下躍居一人之下萬人之上，爲防眾人不服，便拿出錢財封賞眾人，籠絡人心，眾人都是見錢眼開之輩，得了錢財還不都歡呼雀躍，自此呂不韋的地位得到了鞏固。

和經歷九九八十一難才取得真經的玄奘相同，嬴子楚經過常人難以想像的磨難，

終於坐上了秦王的寶座，稱秦莊襄王，隨後立嬴政爲太子，奉自己的生母夏姬爲夏太后，當然嬴子楚也不是忘恩負義的人，他沒有忘記華陽夫人，侍奉她爲華陽太后。那些爲他成功當選付出心血的人，都得到豐厚的回報，功德圓滿。

呂不韋在靜靜的等待著，作爲「秦王養成風險計畫」的發起者、投資人，作爲嬴子楚的經紀人，他還承擔了計畫實施過程中的推廣、維護等等一系列重要工作，付出總有回報，自己親手締造了「青蛙變王子」的奇蹟，他相信嬴子楚肯定不會忘了他的。呂不韋沒有看錯人，很快他收到了秦國宰相的聘書。

地球人都知道是呂不韋一手造就了嬴子楚今日的輝煌，嬴子楚之所以最後才想到去報答呂老闆，是因爲他實在不知道怎麼報答呂老闆對他的再造之恩，受人滴水之恩，必當湧泉相報。嬴子楚是個厚道的人，宰相的位置，顯然不能完全表達他對呂不韋的謝意，緊接著，他又封了呂不韋爲文信侯，賜洛陽十萬戶爲封地。

呂不韋成功了，他無愧於「世界最成功的商人」這一榮譽稱號，在特殊的戰國時期，作爲地位低下的商人，呂不韋通過自己的努力，實現了商人到政治家的成功轉型。

西元前二四九年，秦莊襄王元年。昔日的質子嬴子楚成了如今的秦莊襄王。秦莊襄王子楚即位後，成功的喜悅產生了心理錯位，面對自己的成功，秦莊襄王認爲是自己能力和忍耐的結果，他開始無限膨脹起來，上任不久，就對老爸秦孝文王安國君的國策產生懷疑，認爲是窩囊政策，不符合秦國的雄才大略，他決定效仿爺爺，用武力顯示秦國一統天下的決心和信心。他哪裡知道成功者是不能完全複製的，如果強行模仿成功者，那下場會很慘。

我們再來看一下周天子退休後過得怎麼樣。

在秦昭襄王五十二年的時候，周赧王經過一場鬧劇後向秦國投降，周王朝宣告滅亡。秦昭襄王很夠意思，不僅沒有殺周赧王，而且還封他爲周公。然而當時由於種種原因，周王朝仍留下了由東周君率領的殘餘勢力，就是這股殘餘勢力導致了周朝徹徹底底的滅亡。

或許是周王朝的確氣數已盡，他的子孫可能都有失心瘋的家族精神病史，當年的周赧王不自量力，號召根本不聽他號令的下屬們討伐秦國，結果導致債臺高築，一敗塗地，如今的東周君可能是太想實現自我價値了，閒來無事之際，又號召諸侯們聯合抗秦，這正好爲秦莊襄王提供大動干戈的藉口。

拋開軍事實力不說，從軍事戰略眼光來看，周天子後裔東周君軍事理論基礎還是不錯的，應該和當年的趙括有得一拚。他不愧是大周王朝的王子王孫，政治上眼光很敏銳，鬥爭中經驗很豐富，秦孝文王剛剛去世，秦國主要精力放在了新老政權平穩過

渡上面，在這個特殊時期，政局肯定不穩，這爲成功軍事打擊秦國提供了方便。

趙國的趙括因爲紙上談兵導致了長平之敗，東周君也因讀死書犯了教條主義的錯誤，在攻擊秦國問題上沒有具體問題具體分析，別說秦國是搞分裂，就是全軍都去桑拿去了，有哪個國家敢輕言滅秦呢？爲了平息周王朝的最後一場鬧劇，呂不韋自願改行做了將軍，親自率軍把周王朝送上西天，點燃了秦莊襄王上任以來的第一把火。

成爲秦莊襄王後，嬴子楚本身就盲目自信，把自己列爲超人一族，這場「東周殘餘勢力剿滅戰」之後，他對自己深得爺爺軍事才能的遺傳更是深信不疑。的確，這場殲滅東周君的戰役勝利得非常輕鬆，給秦莊襄王製造了一統天下不費吹灰之力的錯覺。於是秦國在這個整日精神不太正常的君主領導下，開始了四處征戰的生涯。

Q 超級星光大道

戰爭給普通百姓帶來了災難，但對有些人，甚至他的整個家族帶來了輝煌。秦莊襄王窮兵黷武的政策，成就了一個姓蒙的家族。可以不客氣的說，在秦國一統天下的過程中，蒙氏家族立下了無人能及的功勞，書寫了絢麗的篇章，如果沒有蒙氏家族的出現，始皇帝也許要晚點統一天下，中國的秦朝歷史或許會重新書寫。

在秦國蒙氏家族中，蒙驁是家族的創始人，蒙驁是齊國人，秦昭襄王在位的時候，有能力的人都到國外發展，他也順應潮流，來到了當時的超級大國秦國，碰運氣找機會實現自己的夢想。史書中關於蒙驁的記載很多，但清一色都是記載他如何打仗。不僅他本人強悍，他的兒子蒙武、孫子蒙恬，三代人都成爲了秦國的名將。

蒙驁是個很有能力的軍事人才，就是因爲他對自己能力自信，他才敢到秦國這樣有野心的超級大國發展。人生是讓人難以琢磨的，蒙驁在秦昭襄王時來秦，卻直到秦莊襄王繼位，才獲得展示自己的機會，從此走向成功之路，而且一發不可收拾，連續祖孫三代都顯示出了超凡的軍事能力，看來機會和命運同樣重要呀。

蒙驁在秦國掘到的第一桶金，就是在西元前二四九年，蒙驁在秦國首次亮相，率領秦軍攻打韓國。

對於這場戰爭，歷史說得很少，不是不值得說，而是沒啥好說的，這場戰爭完全是一邊倒的形勢，蒙驁輕鬆得到韓國的成皋和滎陽，秦國在沒有合法轉讓手續的情況下，完全不顧及韓國的感受，在這裏設置了三川郡。

三川郡的設立對秦國有很重要的軍事和政治意義，秦國的勢力範圍輕鬆延伸到了魏國的首都大梁，爲武力滅亡魏國提供了條件，其他戰國各國，也都感受到了前所未有的威脅。當然，三川郡的設立也讓蒙驁名揚六國，成了軍事明星一族。

蒙驁在韓國的勝利，使秦國的勢力範圍入侵到了中原各國的腹地，給其他六國帶來了極大的恐慌，當然最緊張和沒有面子的人就是魏安釐王，也難怪魏安釐王心理防線崩潰，他站在自己的家門口往外一探頭，看到的不是大魏遼闊無垠的沃土，而是秦國帶有恐怖主義成分的軍隊，悲哀呀！

在領導秦莊襄王愛好戰爭的錯誤思想指導下，西元前二四八年，軍事新星蒙驁再次率軍出征，這次問候的對象是秦國的老對手趙國。

趙國在長平之戰、邯鄲之圍之後，不問時事埋頭發展經濟，經過了幾年的喘息，國力、軍備等等方面都有所恢復。好了傷疤容易忘了疼，蒙驁這次要給趙國再添新傷。

趙成王是個不安分的人，趙國經過幾年的國內經濟改革，國力慢慢強盛之後，就懷念起以前趙國作為超級大國時的風光了。趙成王制訂了一個「超秦趕楚」的大躍進計畫，準備重塑趙國的國際形象。碰巧當時魏國和燕國正在打仗，鑒於以前和燕國有點小矛盾，趙成王發佈軍事動員令，命令趙軍協同魏國去攻打燕國。

趙國派遣老將廉頗率軍和魏國一起欺負燕國，弱小的燕國除了罵娘無計可施，很快首都又被廉頗圍了起來。聽到廉頗大勝，趙成王很高興，看到趙國又能在國際上揚眉吐氣了，高興之餘，他在沒有燕國參與的情況下，自行制定趙燕兩國的雙邊協議，並草擬賠款數額，指定割讓的土地範圍，準備拿到燕國逼迫燕王簽字。

螳螂捕蟬，黃雀在後。趙成王正在做著打敗燕國後大肆搜刮不義之財的美夢時，聽到蒙驁進攻趙國的消息，趙成王當時就暈了，現在廉頗帶兵出征，趙國主力部隊都在燕、趙、魏的戰場上，國內佈防空虛。蒙驁抓住機遇，一舉攻克趙國三十七城池，剛剛恢復元氣的趙國又遭到了歷史上最沉痛的打擊。

秦國軍事專家蒙驁非常善於推理，打敗趙國後，他運用同一理論，結合魏國，也在和燕國搞軍事演習的事實，得出了魏國目前國內同樣空虛的結論。蒙驁攜勝利之威，劍鋒一轉，又對魏國發動了軍事突襲行動，接連攻克了魏國的高都和汲。這場針對趙國和魏國的戰爭以秦國全勝而告終，這場戰爭也成就了蒙驁的軍事輝煌。

面對趙國的進攻，趙、魏兩國根本沒有還手之力，在這種情況下如果白起在，肯定會繼續擴大戰果，所以白起因被老板猜忌而死。蒙驁政治天分顯然不錯，他很明白一個下屬的價值不在於怎麼向老板展示，而在於怎麼被老板利用。爲了不讓自己的名字出現在老板的必殺錄中，他及時結束了這場戰爭。

蒙驁出於對自己的生命和政治前途考慮，在還沒有完全摧毀趙國和魏國軍事實力的情況下，停止了軍事行爲。他這麼做雖然避免了功高震主而被老板猜忌，但從戰國大局來看，他這麼做，給了其他諸侯國凝聚力量反擊的機會，出於對秦國的恐懼，國際軍事聯盟又一次組織起來，最終導致秦國一場大敗。

在職場上有這麼一種人，工作沒別人忙，活的卻比別人長，秦國大將王齕就是這樣的人，說他有能力，可他每次都做白起的跟班小弟，白起死後，給了他充分展示自己的機會，他也沒折騰出什麼大事；說他沒能力吧，他卻能歷經秦國四代而不衰，深受老板和同事們好評。應該說，以王齕爲代表的這種人，就是典型的大智若愚、大巧若拙。

在戰國軍事界，王齕稱不上什麼名將，但卻絕對是一位宿將。西元前二四七年，王齕獨率大軍侵略韓國，倒也順風順水，戰勝後還在韓國建立了太原郡，應該說這次是王齕超越白起，揚名軍界的絕佳機會，遺憾的是，秦莊襄王把他緊急召回。當然王齕並不是因受秦莊襄王的猜忌被召回的，而是國內後院起火，不得不回。

平白無故受到以蒙驁爲首的秦國恐怖分子的攻打，魏安釐王不幹了，本身他就是個小心眼的人，又碰到這種無來由的吃虧事，怎能咽下這口惡氣，在沒有合適的發洩途徑的情況下，他秘密策劃了報復秦國的軍事打擊行動。爲了保證這次行動取得勝利，魏安釐王邀請移民趙國的信陵君魏無忌加盟。

信陵君魏無忌爲了解救趙國邯鄲之圍，曾經偷魏王的兵符，並且還有人命案，邯鄲之圍解除後，他怕被魏國起訴通敵賣國罪，藉口政治避難一直滯留趙國，因此信陵君收到魏安釐王請他回國的消息時，他很動搖，自己無奈之下對魏國做出了不忠不義之事，如果回國，還有什麼臉面再見江東父老呢！

在到底回不回國這個問題上，信陵君很糾結，他的門客薛公、毛公看出了主人的糾結所在，就利用民族大義對他說服教育：「祖國目前到了最危險的時候，一旦秦國攻破了魏都大梁，你們的祖墳都會被刨，那時候要臉面還有用麼？」信陵君解開了心結，順利回國。魏安釐王任命信陵君爲國防部長，籌備攻秦。

作爲戰國四公子之一，信陵君的影響力那真不是蓋的，憑藉他的國際影響力和在魏國的工作性質，在發出他親筆簽名的攻秦邀請函之後不久，各國回響強烈，紛紛表示對信陵君以前的糊塗舉動表示理解，現在一定要緊密團結在信陵君周圍，齊心協力攻打秦國，爲表現誠意，楚、韓、燕、趙四國立馬派來援軍。

東風吹戰鼓擂，秦國從沒怕過誰，聽到魏國信陵君組織攻秦的消息，秦國也組織起了以蒙驁爲主帥，王齕爲副帥的豪華陣容，迎擊五國聯軍。或許是蒙驁在軍事方面太強勢了，面臨被攻打應該防守才對，可他根本沒有防守的概念，出乎意料地安排攻打鄭州和華州，準備打入敵人後方，迫使五國聯軍回兵救援。

蒙驁這種以攻爲守的戰術思想，和兵法中「前後攻之，彼首尾不可兼顧」暗合，非常高明，但對手信陵君也是專家級統帥，在分析了蒙驁的戰術後，他派魏、楚兩國的部隊築起連營，打著信陵君的幌子，與郟州的蒙驁對峙但絕不出戰，自己卻率領趙、燕、韓三國兵力日夜兼程趕往五百里外的華州，與王齕決戰。

信陵君派遣魏、楚兩國部隊在郟州成功佯攻蒙驁，自己卻率領大軍趕到了華州攻打王齕的部隊，一切都在自己的掌控之中，目前的戰略重點就是怎麼消滅王齕。信陵君認定秦軍部隊遠離國境作戰，糧草是秦軍的弱點，如果能在秦軍的糧草上做文章，吸引秦軍出動，肯定能取得事半功倍的效果。

在信陵君的安排下，趙國大將龐煖率軍招搖過市，去渭河口幹打劫秦軍糧草的勾當，然後信陵君又暗中命令韓、燕兩國軍隊埋伏在少華山的原始森林中，伺機攻打前來救援的秦國軍隊。老江湖王齕也感覺到了信陵君的安排有詐，但考慮到糧草也不能不救，就率領一半秦軍去支援運糧部隊，結果秦軍大敗而潰。

秦軍副帥王齕率一半秦軍搶救糧草時，被信陵君的伏軍擊敗，糧草也被信陵君搶走，剩下的一半秦軍整天要空著肚子作戰，基本沒有戰鬥力了，已經不足爲慮。華州的王齕軍隊已經威脅不到信陵君了，信陵君和眾人商議之後，率軍趕赴郟州，跟在郟州佯攻的魏趙兩個軍隊會合，集中力量和蒙驁決戰。

攻擊郟州的秦軍統帥蒙驁很迷惑，自己主動攻擊，對手面對強敵入侵卻無動於衷，只是和他搞非暴力不合作對抗，堅守不出，由於情報系統建設落後，過了很長時間他才恍然大悟，原來是中信陵君的計了，對峙的敵軍可能只是幌子，而五國聯軍的主力應該在華州，蒙驁立即決定留下老弱殘兵守營，自己率精銳部隊支援王齕。

蒙驁去華州支援部下王齕，結果在路上和擊敗王齕後去郟州會師的信陵君碰面，兩軍見面，分外眼紅，兩幫人馬當即展開了近身肉搏戰。信陵君的部隊剛剛取得華州大捷，士氣高漲，相比之下，秦軍則因突遇變故，迷糊中倉促迎戰，最終秦軍又大敗。蒙驁本想收拾殘兵敗將回營地休整，卻不料大本營也被聯軍給抄了。

秦國名將蒙驁在以信陵君爲首的五國聯軍的攻擊下，率軍潰逃，連老窩都被信陵君給抄了，可謂損失慘重。面對慘敗的局面，蒙驁無可奈何之下率軍逃回函谷關，五國聯軍徹底取得了勝利。雖然從歷史的角度看，五國聯軍的勝利只是對秦國統一天下這一歷史進程的阻礙，但戰爭勝利的事實是誰也改變不了的。

此次聯軍勝利不僅從軍事上打擊了秦軍的恐怖軍事行動，而且在心理上使列國認識到，秦軍原來也是可以戰勝的。

五國聯軍抗秦勝利，信陵君作爲組織者和領導者功不可沒，他作爲四公子之一，在人們心目中一直是仁義厚道的指標人物。這次抗秦戰爭他表現出的出色戰鬥指揮才能也讓人們耳目一新，真是太有才了！可惜的是，歷史對信陵君是非常不公正的，他雖然在魏國高功居偉，但最後在魏國卻沒撈到好處。

戰場上的失利讓秦國改變了戰術，深通金錢魔力的呂不韋在信陵君回國後，派人花重金找到了晉鄙的門客，門客們本身就是依附高官生存，信陵君派朱亥砸了晉鄙的腦袋，等於讓晉鄙家門客失業。踢飯碗之仇豈能不報，在這群門客的運轉下，呂不韋成功誣陷信陵君有野心，信陵君急流勇退，從此縱情歡場度過餘生。

Q 創造奇蹟的人

異人顯然沒有擺脫「三」的怪圈，他爺爺登基三天，他爹在位三年也陪他爺爺到西天下棋去了，這樣傳說中的嬴政便登上秦國王位。然而當時嬴政才十三歲，一個小屁孩什麼都不懂，因此呂不韋把持朝綱達十二年之久，真是應了他那句「奇貨可居」的經典成語了。

秦莊襄王去世後，在眾人民主選舉下，十三歲的嬴政成功當選爲秦國老闆，作爲秦國分公司最後一任老闆，他肩負著統一國家和各民族的歷史重任。當然，對於歷史的選擇，年少的嬴政可能還沒有太大感覺，大秦皇朝是個什麼玩意他也不清楚，但從他有些稚嫩的臉上，我們還是能看出他對這份工作很感興趣。

呂不韋這些年一直處在極度興奮之中，作爲秦國狂熱的熱愛者，他親手把秦莊襄王推向秦王寶座，成功締造君王的成績令他有著無比的滿足感。莊襄王去世，呂不韋又成了大秦國的宰相兼秦王的「仲父」，政治的成功，商場上的得意，讓呂不韋成了秦國乃至整個戰國時期最有權勢和富貴的人。

呂不韋把嬴子楚捧上秦王寶座，地球人都能看出他是出於投機。可呂不韋又一次把嬴政推上王位的動機卻引來無數人的猜想，其實動機是什麼都不重要，重要的是呂不韋從兩代君王手中得到了實實在在的權力和地位，這對呂不韋來說是脫胎換骨的改變，尤其是現在嬴政年幼，呂不韋正好可以實現他的政治夢想。

呂不韋是個不斷在創造奇蹟中超越自己的人，作爲商人，他富可敵國，現在他又手握重權，連君王都以「仲父」相稱，富貴權勢已經不能滿足他的欲望，他要在精神層次尋求突破。想當年他不惜重金幫助嬴異人，最原始的動機就是想通過貴族擺脫商人的身分，他成功轉型後，仍想通過努力讓人們忘記他最初的身分。

小學畢業的呂不韋準備編纂一部綜合百科全書，但考慮到學歷情況，他本著實事求是的原則，招聘了三千名文學博士，想通過這些槍手的努力，把自己包裝成老子、孔子那樣的聖人，把自己思想的先進性流傳後世，讓千秋萬代歌頌他的功績，這是一場典型的造神運動，爲了讓人一目了然，他給這部書起名《呂氏春秋》。

很顯然，呂不韋編纂《呂氏春秋》不是爲了傳播歷史文化那麼單純，其實他只想用這部厚厚的《呂氏春秋》提升自己的文化層次和影響力，他很清楚，在現實的世界裏，一個人要想達到一個無人企及的高度，是需要官職、金錢、學識等等這些綜合實力來體現的。可悲的是，他搞的這種個人崇拜，爲自己的悲劇埋下了伏筆。

十三歲的嬴政有模有樣的做起了秦王，雖然他年齡很小，但事業心卻很強，然而在日常事務中，他發現被他稱爲「仲父」的呂先生，在秦國說話好像比自己這個秦王還管用，尤其是他出版了一部叫做《呂氏春秋》的非法出版物後，人們看他時時帶著崇拜的目光，這讓嬴政很不爽，到底誰是秦國老大呀？嬴政很糾結。

紅樓夢裏有一句話，大有大的難處。秦國現在就面臨著這個難題，隨著軍事實力的強大，搶到的土地越來越多，怎麼去管理這些通過搶奪得到的土地和人口，這是一個擺在秦國管理層的新課題，僅僅靠武力的征服實在是簡單粗暴了點，不能從根本解決問題。西元前二四七年，晉陽又發生叛亂，爲解決這一問題找到了突破口。

秦莊襄王時，秦國不顧國際法的規定，強行使用武力佔領了趙國的晉陽，晉陽是軍事要地，常年的戰爭讓當地的老百姓對秦國非常反感。他們趁著嬴政剛即位，在西元前二四七年毅然宣布獨立。雖然大爲惱火的秦國在西元前二四六年派蒙驁順利平定了這場非法獨立鬧劇，但晉陽事件暴露出的政治問題引起了秦國的深思。

戰國時期戰爭是社會的主流，長此以往，戰爭帶來的副產品也隨之顯現，戰俘和流離失所的百姓阻礙了各國經濟的發展，秦國以前在戰勝之後，就把流民和戰俘就地安排，本意是讓這些人回家後通過誠實勞動合法經營來繁榮國家經濟，但事與願違，這些人由於心理的原因，屢屢聚眾鬧事，擾亂秦國安定的大好局面。

爲了解決戰後的流民和戰俘問題，呂不韋想出了一個很無恥的辦法，他讓秦軍把老弱病殘和婦女兒童趕回敵國去，成功把這些風險轉嫁到敵國身上，又把青壯年徵入部隊，去執行那些死亡率比較大的作戰任務。這樣既爲敵國製造了麻煩，又爲秦軍在戰爭中減少了傷亡，有力促進了秦國經濟和軍事力量的增長。

秦國通過一連串的經濟和社會制度改革，國內經濟蒸蒸日上，對外侵略每次都能如願以償。這些成績的取得除了和秦國自身的不斷努力有關之外，還和其他六國無休止的內訌關係密切，就在呂不韋對佔領區統治問題進行課題攻關之際，臨近的大國趙國國內又出現了新一輪的窩裏反現象。

在趙國乃至戰國各國，廉頗算得上是元老級的將軍。或許是因爲趙國退休制度不太健全，或許是出於對工資福利和職稱等方面的考慮，八十多歲的廉頗絲毫沒有退居二線之意，仍在趙國政壇活躍著。

西元前二四五年，廉頗八十二歲，爲了證明自己身體情況很好，廉頗向趙成王請

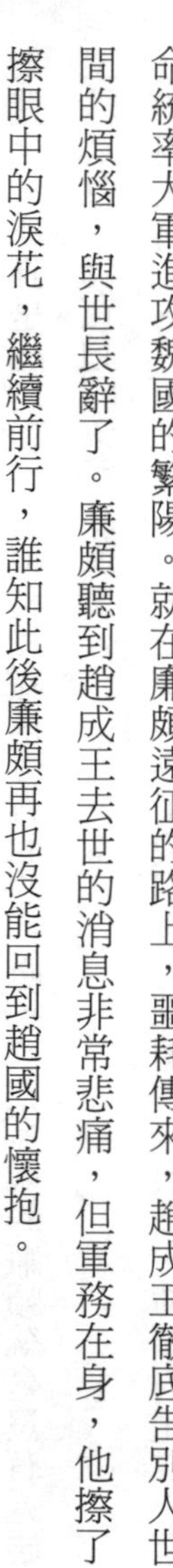

命統率大軍進攻魏國的繁陽。就在廉頗遠征的路上，噩耗傳來，趙成王徹底告別人世間的煩惱，與世長辭了。廉頗聽到趙成王去世的消息非常悲痛，但軍務在身，他擦了擦眼中的淚花，繼續前行，誰知此後廉頗再也沒能回到趙國的懷抱。

趙成王出生在戰國風雲際會的年代，他一生都在跟秦帝國主義作著不屈不撓的鬥爭，不過小心眼的他最大的遺憾不是沒有見到秦國的消亡，而是沒有見到廉頗退休。趙成王去世後，兒子趙悼襄王繼位，知父莫若子，深知老爸遺憾的趙悼襄王上任後簽發的第一個命令，就是責令廉頗退休，讓樂乘去接替廉頗的軍權。

廉頗受到趙悼襄王的不公正待遇，無奈之下去魏國尋求庇護，廉頗雖年齡偏大，但頭腦不太好使，他根本沒考慮自己剛打了魏國，再去魏國避難情理有點不通。好在魏王一向尊老愛幼，對八十多歲的廉頗更是尊重，整天好吃好喝招待著，對他客客氣氣的，可就是不讓廉頗參與國家大事，廉頗非常失意。

趙悼襄王即位後，過得很不好，秦國軍隊經常到家門口欺負趙國，趙國每次反侵略戰爭都以失敗告終，無奈之下，他又想起了廉頗，打起了開發廉頗剩餘價值的主意。由於廉頗現在移居國外，於是他親派使者到魏國去，跟廉頗洽談有關退休返聘、開發他無限的夕陽資源事宜。

廉頗在魏國政治避難後很失意，當聽到趙悼襄王不計前嫌，邀請他回國工作後，熱情地接待了趙悼襄王的使者，並高興的設宴款待，在酒席上，廉頗為了證明自己寶刀未老，一口氣吃了一斗米、十斤肉，並乘興披掛上馬，使了一趟刀法。看到趙王的使者滿意的神情，看來又有機會為祖國效力了，廉頗很得意。

受到趙悼襄王的邀請，廉頗以為回國受命已成定局，誰知一直等到花兒都謝了也沒再等到趙國的消息。原來廉頗在趙國有個仇人叫郭開，他聽說趙悼襄王派準備返聘廉頗，就重金賄賂趙王的使者，讓他說廉頗的壞話，結果使者上報趙悼襄王：「廉老將軍身體很棒，能吃能打，就是一會解了三次大便。」

廉頗做夢也沒想到自己大便也能影響到仕途發展，本身趙悼襄王從內心來說不一定是真心想返聘廉頗，因為撤掉廉頗的是他，現在再重新啓用，等於出爾反爾，這種自己打自己嘴巴子的事，他作為君王有點丟面子。雖然國家現在很需要廉頗，但現在他已經老到大小便不受控制的地步了，於是趙悼襄王選擇了放棄。

一心想回趙國效力的廉頗等到黃花菜都涼了，也沒有等到趙國讓他復職的消息。魏國的失意，趙國的不誠信讓他鬱悶至極，幸好楚國有很多廉頗的粉絲，聽說廉頗的遭遇後，就派人把他接到了楚國。可能是水土不服，廉頗在楚國也沒有幹出什麼成績。西元前二四三年，名將廉頗在楚國鬱鬱而終，享年八十四歲。

爲了保持戰鬥力，秦國的軍人採用專職制，大批有志青壯年應徵入伍後，只參與軍事訓練，不從事糧食生產，這樣雖然保證了戰鬥力，但也使大量的勞動力無法從事農業生產，因此國內大量的耕地荒廢，各種因素導致了糧食短缺。

沒有糧食，老百姓只能發發牢騷，忍耐再忍耐，可軍隊一旦餓了肚子，卻是很嚴重的，輕者影響到士兵的戰鬥力，重者能導致國家的破產崩盤。爲了解決糧食危機，秦國四處求援，畢竟秦國的名聲不太好，根本無人理會。在自力更生思想的指導下，秦軍發揚傳統優勢，綜合常年侵略的經驗，去別國搶糧。

秦國國內缺糧，軍隊爲了吃飽飯，想去別國搶糧，計畫報到嬴政那裏，誰知嬴政給了這麼一道命令：「率領部隊瞅準目標盡情燒殺搶掠，不要手下留情。」看來嬴政也是餓過了頭。蒙驁爲了吃頓飽飯，堅決的貫徹了老板的意圖，率領饑腸轆轆的秦軍一口氣攻下了韓國十二座城池，大肆搶劫之後暫時肚皮無憂了。

秦國鬧糧荒，趙國可是能吃飽飯的，趙王趁秦國餓肚子想折騰一下，可主動找秦國麻煩又沒那個膽子，想到上次燕國曾找過自己麻煩，趙國就想去燕國敲詐點油水。可派誰去呢？由於人才短缺，趙悼襄王只有把守邊大將軍李牧調回，擔任攻燕總指揮，李牧沒有辜負趙悼襄王的期望，連破燕國兩城，收穫頗豐。

李牧在趙國軍事界的後廉頗時代可謂是名聲大噪，由於趙國和匈奴做鄰居，因此邊防將軍可是有能力的人才能擔任，畢竟這關係到趙國的國家安全，李牧當時就是趙國邊防軍總司令。這次趙悼襄王之所以敢調回李牧攻燕，是因爲李牧憑藉自己的精心準備，剛剛在邊境狠狠地教訓了匈奴，把匈奴暫時打殘了。

李牧剛調到邊防守邊時，匈奴對趙國的威脅是很嚴重的，作爲新任邊防軍總司令，上任伊始，他就在心裏盤算著怎樣讓匈奴吃一場敗仗，一勞永逸的解決胡虜的問題。可匈奴軍隊不是一般的強悍，要想徹底解決匈奴的威脅，那是十分不容易滴，李牧爲此計畫了好多年，最終迎來了這場大勝。

爲了戰勝匈奴，李牧制定了如下措施：自行任免軍中各級指揮員，在任免幹部方面不惟才而惟聽話；在邊境私自亂收費，從而提高士兵工資，改善士兵伙食；無視士兵抗議，對士兵進行魔鬼式訓練；加強警報系統建設，成立偵查大隊，增強軍隊預警能力；增強團隊意識，不准私自傷害匈奴士兵。

李牧作爲邊防軍總司令時制定了很多看似不合邏輯的措施，他自行任免幹部其實爲了方便上令下行；私自收費用於士兵其實提高了戰鬥積極性；魔鬼式訓練是爲了適應和匈奴騎兵作戰；注重偵查，不准私自作戰是因爲匈奴人沒有攻城器械。從而讓匈奴每次南下空手而回，總之，這些舉措代表了李牧作戰思想的先進性。

李牧先進的作戰思想讓他最終擠入戰國末期名將之列，不過我們和趙國最高領

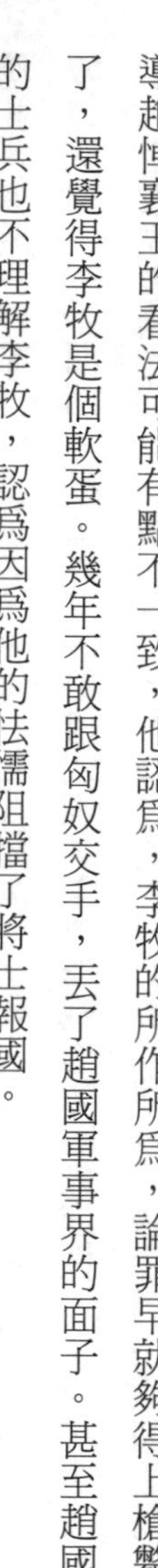

導趙悼襄王的看法可能有點不一致，他認爲，李牧的所作所爲，論罪早就夠得上槍斃了，還覺得李牧是個軟蛋。幾年不敢跟匈奴交手，丟了趙國軍事界的面子。甚至趙國的士兵也不理解李牧，認爲因爲他的怯懦阻擋了將士報國。

誰不理解都沒關係，但上面不理解卻是個嚴重問題，李牧在邊關進行軍事改革，遭到了趙王的不理解，於是趙王讓李牧畢業，任命了新人，結果新任將領在趙王的授意下和匈奴幹了幾仗，都大敗而回，軍士傷亡很大，邊境重變戰場，邊民生產生活都受到很大影響，無奈之下，趙王不得不重新讓李牧出山。

重新上任的李牧依舊我行我素，繼續實行以前的那一套。只要匈奴一露頭，預警系統立馬啓動，堅壁清野，市場宵禁，可憐的匈奴兵想發點戰爭財，沒想到氣喘吁吁趕來後只能看到地上的殘羹剩飯，沒好處匈奴也不幹呀，從此邊境又恢復了平靜，李牧的軍事能力讓他在趙國滅亡前獨撐危局十幾年。

李牧的軍事改革使得邊境百姓過了幾年平靜的生活，士兵得到了休整，西元前二四四年，邊境趙軍的作戰能力不斷提高，廣大官兵也求戰心切，李牧經過謹慎思考，覺得作戰時機成熟，決定展開對匈奴的大戰。爲了能順利打贏這場戰爭，李牧通過辦廟會吸引匈奴搶劫，並主動示弱，從而吸引匈奴主力。

在李牧的引誘下，匈奴首領配合地興全族兵力入侵趙國。早有準備的李牧精密部署，除正面打擊敵人外，還在兩翼佈置了伏兵，等匈奴大舉進攻之時，趙軍全軍出動，正面作戰的士兵用弓箭和強弩，壓制匈奴騎兵的衝鋒，趙國的步兵師和機動騎兵師從匈奴兩翼殺出，三面夾擊，最終把匈奴圍殲。

看到匈奴慘敗，按照作戰計畫，李牧又發揚痛打落水狗的精神，乘勝追擊，一舉攻破東胡、胡林等部，徹底消滅了匈奴軍隊的有生力量，從此一仗打出十多年的和平，在此後的十多年裏，匈奴都沒有能力再入侵趙國。這場破匈奴之戰對趙國意義深遠，它爲趙國今後集中精力對抗秦國，掃清了後方障礙。

通過和匈奴的一場大戰，趙國守邊總司令李牧向世人證明了自己的軍事才能，並得到了老板趙悼襄王的信任，趙悼襄王任命其爲趙國國防部長，主要負責艱苦的抗秦事業。可惜的是，李牧雖然軍事才能出眾，可此時趙國政治環境也很複雜，李牧不僅要面對秦國的壓力，還要經受趙國內部排擠打壓，日子很不如意。

西元前二四三年正月，春節剛過，萬象更新，秦國的糧倉也更新過了，空空如也，爲了能填飽肚子，始皇帝過完年就又把部隊都派出國吃飯了。不是嬴政吝嗇，而是秦國的軍隊人數的確太多，每日的消耗都是天文數字，別說國內有了饑荒，就算風調雨順，嬴政也準備嚴格厲行節約，讓鄰國幫自己養活軍隊了。

始皇帝嬴政獨創了以戰養戰的政策，這可忙壞了秦國陸海空總司令蒙驁，他又

兼任起了秦國農業部長一職，專門負責解決秦軍的溫飽問題。於是他帶領大軍瞅準目標，一舉攻佔了魏國的兩座城池，一分錢不花解決了溫飽問題。

秦國的肆意擴張，早就引起了世界各國的不滿，尤其是這次秦國不顧國際法的規定，爲了從別國口中搶奪糧食，不斷侵佔別國地盤，這對其他國家的尊嚴是一種挑釁，引起很多國家不滿，就連一向愛好和平，危機感較差的楚國，也覺得秦國實在太過分了，於是楚國名流春申君想給秦國點顏色看看。

作爲戰國四公子之一的春申君，在楚國雖然春光無限好，但一直以來，他在楚國的地位都飽受爭議。楚國的憤青經常發表文章，指責他欺世盜名，欺負老實的楚考烈王，更是有人發表署名文章攻擊春申君，認爲作爲超級大國之一的楚國，由於在國際上的不作爲，導致秦國勢力越來越大，這對楚國是個極大的威脅，可以毫不客氣的說，楚國的衰弱是他一手造成的，春申君必須做出解釋。

面對自己在國內的輿論壓力，春申君受到信陵君的啓發，上次信陵君組織五國聯軍，成功打擊了秦國的有生力量，自己作爲國際名流，同樣具有超強的國家號召力和軍事才能，何不再次組織聯合國軍，聯合抗秦。這樣既能用聯軍國軍的力量打擊秦帝國主義的囂張氣焰，又減輕自己在國內的輿論壓力。

春申君不愧為國際明星，號召力那是一呼百應，在他的邀請之下，趙、魏、燕、韓四國都紛紛出兵響應，聯合國軍正式成立，春申君眾望所歸，被推舉為聯合國軍的總司令，在春申君的提名下，通過聯軍軍事委員會的認證，趙國的將領龐煖光榮的被選舉為作戰總指揮，率領五國聯軍浩浩蕩蕩殺向秦國。

春申君組織五國抗秦，卻堅決不擔任總指揮，不是他厭惡權力和名聲，而是有自己的想法和打算滴。一方面他有自知之明，自己連楚國都玩不轉，像這種國際聯合作戰更別提了，另一方面他知道，一旦自己擔任總指揮，為了服眾，必須要讓楚國的將士帶頭拼命衝鋒，而委任趙將龐煖，就可以讓趙國的士兵去打頭陣了。

趙國將領龐煖得知春申君把指揮權交給自己後，激動得整晚睡不著。其實他曾參加過這種聯合作戰，上次配合信陵君跟王齕作戰，他曾經帶領趙軍，成功完成偷襲秦軍糧隊的重任，但上次是配角，這次卻是男一，為了不辜負各國期望，他把趙軍佈置到戰爭最前沿，結果趙軍損失慘重。

五國抗秦總指揮龐煖通過對秦國軍事歷史的研究，發現秦國之所以屢戰屢勝，除了秦地民風彪悍、兵員素質較高之外，還有一個有意思的現象：每次都是秦國侵略別國，被侵略國家不管如何反擊，也只是禦秦國於函谷關之外就收手了。原因很簡單，秦國有著高山和黃河天險，又有依山建城的傳統，易守難攻。

龐煖率領五國聯軍，抱著不走尋常路的戰略思想，放棄傳統的攻秦必打函谷關的老套路，命令五國軍船迅速到黃河集結，準備率軍北渡，從秦國地勢比較平緩的東北方進攻。龐煖超前的作戰思路顯然讓秦軍很不適應，在秦軍毫無心理準備的情況下，龐煖一直攻打到秦國首都咸陽附近，五國聯軍取得了階段性的勝利。

咸陽百姓早起晨練時，發現四周插滿了各國國旗，他的非典型軍事作戰引起了社會的恐慌，不過秦軍畢竟常年征戰，部隊的機動反應能力很強，聽到首都危險，家裏老婆孩子都快保不住了，駐守各地的將領紛紛率軍趕回，在咸陽外圍形成了隔離帶，準備拼死保衛家國。

咸陽城內看到五國聯軍臨近首都，一片慌亂，呂不韋再次改行從軍，組織咸陽的兵力，展開對五國聯軍的阻擊。呂不韋畢竟見多識廣，他對比兩軍實力，咸陽內外兵力加起來只有十萬左右，而敵軍人數是秦軍的幾倍。如果使用常規作戰方法，一味死守待援，想打退士氣高漲的敵軍是不可能的事情。

呂不韋準備採用各個擊破的戰術，他把目標首先定位在楚國軍隊上，因爲春申君是五國聯軍的總司令，擒賊先擒王，打擊他能起到威懾作用，而且楚國常年荒於軍備，戰鬥素養不高，容易擊破，根據「捏軟柿子」的原理，應該先進攻楚軍。春申君爲了楚國能少受損失，機關算盡，沒想到還是首先遭到攻擊。

呂不韋在咸陽保衛戰中制定了斬首行動，準備首先用精兵秘密偷襲楚軍。其實呂不韋並不是一個高明的軍事家，他制定的這個計畫風險很大，一旦偷襲的消息洩漏，楚軍完全可以從容撤軍，然後聯合多國部隊在空營四周形成包圍圈，以甕中捉鱉之勢等秦軍進入埋伏圈，全殲秦軍。可秦國已經到了危急關頭，只能一搏了。

世上事怕神就有鬼，雖然楚國是和平主義國家，但是情報系統卻非常發達，儘管呂不韋的作戰計畫保密措施很嚴密，但很快，這份計畫書就擺到了春申君的面前。春申君得知呂不韋要拿他開刀的消息後，嚇得魂不附體，他嚴格遵守「君子動口不動手」的古訓，顧不上通知友軍，匆匆忙忙率領楚軍回國了，表現出了來去無影又無蹤的高素質行軍水準，不僅是秦國，連趙、韓、燕、魏四個盟國都毫不知情。

春申君率軍逃跑，想去偷襲的秦軍並不知情，當天晚上，秦軍按照原計劃，以迅雷不及掩耳盜鈴之勢，偷偷進入楚國大營，卻發現這裏的軍營靜悄悄，秦軍以爲中了楚國的空營計，緊張地等待著一場硬仗，誰知等到花兒都謝了，也不見楚國反攻。秦軍算是納了悶了，難道楚軍學會了玩失蹤？

由於這次咸陽保衛戰事發突然，新提拔的青年將領王翦擔任了這次夜襲行動的最高指揮官。王翦看到楚軍憑空消失，有點不知所以，確實腦子有點亂，不過一個優秀的軍事家，必須要沉著冷靜、隨機應變，王翦馬上在腦海中去掉了那些楚軍會隱形消

失之類的迷信思想，看到形勢對秦軍有利，立即下令突襲趙國。

本來秦軍準備夜襲楚國，楚軍卻不翼而飛，秦軍指揮官王翦隨即下令改成突襲趙國，趙國這個倒楣蛋爲什麼會成了下一個目標呢？原因有兩個：趙軍交友不慎，選擇了和楚國營地相鄰，越過楚軍營地突擊趙軍，趙軍不會有防備；楚軍玩起了乾坤大挪移，聯軍中，趙國軍事實力最強，應該首先予以打擊。

作爲新生代的秦國將領，王翦隨機應變能力超強，找不到楚軍立即下令緊急行軍，摸黑來到趙國軍營後方，對趙軍發動了猛烈的攻擊，最終實現了對趙國軍隊的有效打擊，完全實現了預定的戰略目標。王翦在這次行動中的突出表現，充分展現了他高超靈活的指揮藝術，從此王翦開始在秦國將領中嶄露頭角。

超級倒楣蛋趙國的領導龐煖正在中軍大帳鼾聲大作，猛地聽到自己身邊殺聲四起，起初還以爲是自己在做夢，等到手下小弟驚慌失措前來報告，才明白是遭人暗算。龐煖手忙腳亂地集合部隊，很快趙軍和秦軍膠在一塊展開了肉搏，苦苦堅持的趙軍直到黎明前，才在燕、魏、韓的支援下擊退秦軍的進攻。

面對秦軍突襲，燕、魏、韓、趙四國協同作戰，才打退了秦軍的進攻，雖然他們很奇怪沒看到楚軍的影子，但戰後四國的將領仍按照組織原則找總司令春申君，彙報昨晚的工作情況，卻發現楚國人早不翼而飛。聯繫到秦軍能穿過楚營直接攻擊趙營，才明白楚軍已經臨陣脫逃，春申君的行爲，遭到了四國的鄙視。

西元前二四七年，戰敗的聯軍從此一蹶不振，合縱抗秦的故事再未上演。而此時的秦國不動聲色的休養生息。嬴政親政後，整合六國上市的決策再次被李斯提上日程，多年鑽研各項技術方案的李斯，憑藉著自己的經驗及對六國性格的研究，提出由近及遠，集中力量，各個擊破的戰略思想。

戰國時期是一個崇尚改革的時代，各國都在忙著改革，但真正成功的只有秦國的商鞅變法，在商鞅的折騰下，秦國在政治、社會、經濟、軍事等等方面，都有了翻天覆地的變化，秦國在法家理論指導下，國家弊病得以清除，綜合國力得到提升，用人機制變得靈活，蒙驁就是商鞅變法的直接受益者。

當各國都停留在貴族當政的幼稚階段時，秦國發起了人才選秀活動，不管你是誰，階級出身如何，只要有能力秦國就重用。尤其秦國特別迷信洋專家，招聘廣告貼到了全世界的每一個角落。這些才能出眾但出身低微的外國人，通過人才交流的方式來到秦國，爲秦國發展奉獻了畢生力量，典型的有范睢、蒙驁等等。

秦國是一個崇尚自然的國度，出於「萬物皆自然，有法天下行」的哲學考慮，他們在國內推行法家思想治天下，有力推動了秦國的發展。他們首先摒棄啃老族，想當

官，爸爸是高官不行，有戰功才可以，然後對官員實行績效考核，庸者下能者上，並制定了嚴格的法律條文，對犯罪分子堅決予以打擊和懲處。

秦國在國內堅決執行「有法可依，有法必依，執法必嚴，違法必究」的十六字方針，並制定了割鼻、斷足、腰斬等等用刑辦法，給秦國上下帶來了一片清平之象。

秦國在軍隊內部也進行了當時最先進的軍事體制改革，商鞅首創軍功授爵制度：只要你能立志從軍，就能衣食無憂；只要立下戰功，就能加官進爵。爲了提高戰鬥力，秦軍規定：衡量士兵功績的唯一標準就是敵人的頭顱。只要你砍得多，國家就給你官做，而且如果你光榮犧牲，兒子從軍後還可以繼承。

秦軍在戰國戰場上是典型的恐怖分子，不但作戰不要命，而且見人就砍頭，這也難怪，敵人的腦袋是士兵換取權勢、地位、金錢、美女的砝碼，再說軍功還可以傳給兒子，「敵軍頭顱改變命運」是秦軍的座右銘，當兵成了秦國兒郎最熱門的職業，在這種現實的功利思想鼓舞下，秦國開始了獨霸天下的征途。

西元前二三九年，秦國首都咸陽發生兩件大事：第一件事，呂不韋出書了，而且還帶著新書《呂氏春秋》到處炫耀，四處簽名售書；第二件事，嬴政年滿二十歲，按照法律規定，可以親自裁決秦國軍政大事了，可是他連續兩次的親征申請，都被呂不韋的內閣委員會否決，就連他的母親，太后趙姬也投了反對票。

對於呂不韋的出書問題，嬴政開始是很支持的，畢竟呂不韋對嬴政爺倆立下大功，他想跨足文藝界就去唄！可嬴政親自讀完《呂氏春秋》後卻敏銳的發現，呂不韋出書的目的不是那麼單純，他在這本書中鼓吹君臣分權制，提出君主集權會導致獨裁統治，只有君主放權於大臣，才能實現國家大治，嬴政生氣了。

嬴政從呂不韋的新書《呂氏春秋》中嗅到了危險氣息，呂不韋在書中暗示始皇帝，國家大事你搞一言堂是不對的，你吃肉最起碼也得給我們留點湯喝，要不弟兄們爲啥要聽你的。在治國理念上，必須得把《呂氏春秋》中的呂不韋思想作爲基本國策，才能你好、我好、大家好，嬴政認爲這是赤裸裸的奪取主義。

嬴政再也忍受不了做一名傀儡君王的生活，爲了制衡呂不韋，決定秘密結社，組織一個保王小組。他拉攏了昌文君、昌平君兩支武裝力量，準備隨時「清君側」。涉世不深的他哪裡知道，在秦國一派繁榮的表象之下，除了呂不韋外，還有一股暗流在肆意湧動著。

Q 是人才，做什麼都會成功

話說秦莊襄王當年在趙國做質子，在呂不韋的讓賢下，於落難之際娶了趙姬做老

婆。趙姬本身就是呂不韋的舞孃，算是他的老相好了，可憐的嬴異人撿了呂不韋的破鞋不說，日後還沒完沒了的戴綠帽子，男人這點倒楣事，算是全讓他攤上了。後來秦莊襄王去世，呂不韋又獲得了和趙姬再續前緣的機會。

嬴政年幼繼位後，國家大事掌握在呂不韋和趙太后手中，為了方便工作，倆人又開始了全方位多角度的接觸，可趙姬三十多歲，正處於虎狼之年，年過半百的呂不韋很難滿足她超強的欲望，在威而剛還沒有大規模出現的戰國，呂不韋每次看到趙姬得不到滿足的眼神，都特別內疚，而且自己也感到自尊心受損。

呂不韋由於力不從心，做趙姬的面首感到苦不堪言，可他還不得不和趙姬搞聯合，因為他們兩個在秦國勢力互補，一個是當朝丞相，一個是皇上的親媽，兩個最大的實權派結合無疑對穩固私人地位、實現國家穩定有著重要意義。呂不韋連找相好都照顧著國家利益，的確做到了為秦國殫精竭慮。

呂不韋想辭去趙太后面首的工作，一方面是生理原因，另一方面是怕擔上淫穢宮闈的罪名，這足以讓他的政治前途死翹翹。面對既要停止和趙姬的不正當男女關係，又要保持私人感情的兩難境地，呂不韋抱著「買賣不成仁義在」的思想，為趙太后牽線拉橋，找一個小白臉頂替自己，於是嫪毐成功登上舞臺。

嫪毐當時在咸陽是屬於自由職業者，他平時靠表演維持生計，不過他的表演方式很特殊，是用身體的某個生理部位搖呼啦圈，而且是實木呼啦圈，嫪毒也憑自己的這一絕活，在咸陽各階層的女性中，享有很高的聲望。

是人才從事什麼職業都會成功，嫪毒憑藉自己的特殊才藝，引起了丞相呂不韋的注意，在嚴格的政治審查之後，嫪毒由街頭藝人變成了國家專業特殊演員，當然觀眾只有趙太后一人。在嫪毒特異功能的服侍下，趙太后生活品質得到大幅度提高，出於傳宗接代考慮，趙太后還爲嫪毒生下兩個孩子。

當他憑藉爲太后表演有功做到長信侯時，尤其是和趙太后齊心協力生下兩個兒子後，他頭腦開始高速運轉，感覺和太后的不光彩之事最終是瞞不了人的，事情一旦敗露，他就會等來始皇帝的屠刀，自己死倒還罷了，可還有兩個兒子呢，開始想要造秦王嬴政的反。

首先他樹立自己的威望，搞形象工程，具體辦法是廣招門客，讓他們吃飽喝足之後爲自己進行正面宣傳；其次，他瞭解到要想掌控一個國家，靠一個人是沒有出路的，必須依靠整個統治階級，於是他在朝中拉幫結派，伺機造反。

自以爲聰明的嫪毒埋頭準備造反工作，沒想到他的一舉一動都被呂不韋完全掌控。

呂不韋認爲，如果嬴政瞭解到嫪毒造反的真相，肯定會覺得政治風險很大，不再

反覆要求親政，抱著能多掌兩年權的自私心理，他堅決向始皇帝披露了嫪毒結黨叛國的內幕，其中當然還包括嫪毒與太后的私生活問題，嬴政聽到這個消息很是緊張，最終決定應該拋棄分歧，依靠呂不韋的力量來剷除這次禍亂。

在嬴政的再三申請下，西元前二三八年，始皇帝嬴政得到內閣們的一致同意，在四月二十日，舉行了盛大的成年儀式，佩寶劍、戴王冠，這代表著始皇帝正式親政了。由於呂不韋的支持，這次大典進行的很順利。趙太后雖然內心極力反對，但還是出場道賀，無可奈何之下進行了權力交接，始皇帝正式掌握了朝政。

始皇帝親政之後，按法律規定接管了秦國所有的軍政大權，這對嫪毒來說是個很大的刺激，始皇帝親政意味著從此趙太后不能再隨便干涉始皇帝的決策，嫪毒在朝中的黨羽也會被逐步剪除，一旦這些都成爲現實，再也沒有什麼保護傘可以利用了，想到自己性命難保，嫪毒如同驚弓之鳥，惶惶不可終日。

狹路相逢勇者勝，嫪毒在衡量了形勢之後，決定趁始皇帝沒有防備發動突襲，搶佔先機。在死亡的威脅下，嫪毒正式謀反，他率領著他的雜牌軍開始進攻王宮。嫪毒終於走上了呂不韋和嬴政給他安排的道路。

始皇帝和呂不韋天天盼著嫪毒謀反，爲了對付這次謀反，他們早在咸陽進行了秘密布控，就等著嫪毒的手下全部暴露後一網打盡。等到嫪毒真正謀反了，他們才發現嫪毒的實力並非如想像的不堪一擊，除了沒有正規部隊，嫪毒的同黨包含了門客、縣卒、衛卒、宮騎等等，看來還是一塊硬骨頭。

聽取了情報人員對嫪毒方面的資訊匯總，始皇帝和呂不韋制定出應對計畫，並馬上調集幾支野戰部隊來京。嫪毒率雜牌軍在宮騎的配合下，很快就攻破了王宮，卻沒有找到始皇帝，當他命令部隊全城搜捕始皇帝時，卻發現他被一支規模龐大的軍隊包圍，嫪毒明白了，自已進了始皇帝和呂不韋的圈套了。

始皇帝下達命令，攻克王宮生擒嫪毒，這些勤王的部隊，爲了在始皇帝面前混個好印象，都非常賣力，尤其是王翦，使用了各種高科技手段攻城，又一次在始皇帝心中留下深刻的印象，這也奠定了王翦之後在秦國的地位。嫪毒的雜牌軍在正規軍面前不堪一擊，很快敗退，然而嫪毒卻在死士的保護下順利逃跑。在混亂的局面下，嫪毒幸運的逃出了咸陽城。

平息了嫪毒的謀反之後，呂不韋和始皇帝開始了安撫百姓、清剿餘黨的工作。始皇帝下令所有戰亂損失由國家埋單，並親自到群眾中走訪，體察民情。但在對待嫪毒餘黨的問題上，始皇帝就沒有那麼溫柔了，嫪毒被株連九族，造反派的中堅力量全部被殺掉，謀反中被俘的士兵發配邊疆，具體實施西部大開發戰略。

嫪毒雖然在謀反中成功逃跑，但始皇帝沒忘了他，秦國向世界各地發出追捕嫪毒的一級通緝令，生擒者賞金五十萬，嫪毒的腦袋這麼值錢，嫪毒想活下去就非常困難了，很快，他被見錢眼開的手下送回了咸陽，始皇帝恨嫪毒入骨，在對嫪毒的用刑方面，出於嫪毒某方面構造特殊的考慮，實行了六馬分屍。

爲了報復母親的出軌行爲，他把嫪毒和趙太后的孩子裝在蔴袋裏，當著趙姬的面用棍子把他們活活的打死。極度的憤怒帶來人格的扭曲和心理的變態，嬴政覺得這樣還不能發洩自己內心的鬱悶，爲了更好的傷母親的心，做完這一切後，始皇帝把趙太后發配雍城。

在始皇帝的成長經歷中，母親趙姬是他最信賴的人，嫪毒謀反事件讓始皇帝傷透了心，從此，他從一個溫和的少年變成了暴力傾向嚴重的君主。把母親驅逐出咸陽後，盛怒之下，接連殺掉二十七個對他逐母行爲進行勸諫的大臣，並拋屍荒野，最後在第二十八個人茅焦的勸說下，他才終止這場血腥事件，安葬大臣。

在平定嫪毒的行動中，呂不韋又爲秦國立下大功，沒有他的通力協作，始皇帝不可能這麼快親政，更不可能這麼順利的處理這次謀反事件。然而呂不韋雖然在關鍵時刻拉了始皇帝一把，但始皇帝卻從嫪毒事件中看到了呂不韋的可怕之處，嫪毒尚且這麼難對付，在秦國經營多年的呂不韋一旦謀反，定會更恐怖。

在追查嫪毐同黨的過程中，呂不韋和趙太后的不正當男女關係也被人檢舉揭發，始皇帝徹底對呂不韋動了殺機。西元前二三七年，始皇帝簽署命令，說呂不韋同嫪毐有串通謀反嫌疑，論罪當斬，但考慮到呂不韋年齡大，對秦國有過大功，又和始皇帝是親戚關係，特別法外開恩，免去死罪，讓他回到封邑洛陽去養老。

始皇帝把呂不韋發配到了洛陽養老，本意是把他驅逐出權力的中心，這樣就不會對始皇帝的領導地位構成威脅了。考慮到呂不韋對秦國的特殊貢獻，並沒有要了呂不韋的命，但始皇帝還太年輕，經驗不夠老練，或者說，始皇帝除惡沒能務盡，他給呂不韋留了條活路，也讓他看到了呂不韋在秦國真正的能力和影響力。

呂不韋失業之後，始皇帝仍然感覺不到自己君王的權威所在，呂不韋依靠自己的政治經濟影響力，依然左右著秦國的政局，種種跡象表明呂不韋還沒有放棄對秦國政權的掌控，長此以往，他甚至還有重回咸陽執掌朝政的那一天，看到這些不正常現象，始皇帝真正對呂不韋產生了剷除的念頭。

爲了徹底消除呂不韋對秦國政治的影響力，始皇帝給呂不韋送去了一封簡短的信箋，斥責他功勞與待遇不相符，暗示要把他發配邊疆。呂不韋看完信後，決定飲鴆自殺，免得像范睢那樣流放途中被始皇帝裁決。呂不韋被徹底清掃，始皇帝也完成了從一個懵懂少年到一名殘暴君主的華麗轉身。

沒有了國內各種矛盾的羈絆，秦國正式開始了一統天下的偉大歷史進程。

自西元前二四七年起，戰敗的聯軍從此再也沒能組織起合縱隊伍，合縱抗秦的故事也再沒上演。而此時的秦國，也需要及時調整戰略，不動聲色休養生息，所以暫時沒有去找列國的麻煩。從小便才華橫溢的嬴政親政後，如何有效整合六國，成了秦國朝堂經久不息的話題，而提出有效策略的人正是李斯。

李斯，楚國人，家境貧寒，血型不詳，星座待考。座右銘：知識改變命運。職要經歷：由於父母官的推薦，剛畢業不久，年紀輕輕就被舉薦成爲一個倉庫管理員，後應聘秦國，最高職位丞相。特點：潔身自好，在做倉庫管理員時，從不倒賣倉庫的糧食。主要理論著作：老鼠哲理。

李斯是一個善於觀察生活的人，在做倉庫管理員時他發現，廁所裏的老鼠和糧倉裏的老鼠貧富差距很大，生活品質差別甚遠，通過這樣的研究，李斯認爲生存的環境決定了生活的品質，把這個研究成果適用到了人的身上，李斯認爲：一個人有沒有出息，完全在於能不能找到一個優越的環境。

一心尋找能實現人生價值的廣闊天地的李斯，不顧單位上級的挽留，在停薪不留職的情況下，離家出走，自費報考「荀卿職業技術培訓學校」，在校期間，他拜聞名天下的的大學問家荀卿爲師，學習法家思想，具體說就是帝王之術。在異國求學期間，他苦心鑽研，學業有成，並結識了韓非等一大批知識界精英。

李斯從「荀卿職業技術培訓學校」畢業後，根據他善於分析國際形勢的專業特長，出於對職業前景的考慮，他沒有選擇回國效力，而是決定到秦國去打拼事業，因爲他知道除了秦國，他最終都會步回生活的老路，不可能得到任何國家的重用。雖然李斯的選擇遭受了缺乏國家榮譽感的譴責，但他不後悔。

李斯選擇去秦國效力，歷史也選擇了李斯，此時的秦國，經歷了很多年的機構改革，已經形成了重用草根精英人才的優秀傳統，秦國一直在進行領土擴張的長遠戰略規劃，國家各方面的建設都需要人才，最重要的是，秦國有著一統天下唯我獨尊的野心，這正好跟李斯嚮往的人生軌跡重合。

西元前二四七年是李斯難忘的一年，就在這一年，他在秦國找到了第一份工作——呂不韋的門客。然而，現實情況讓李斯很寒心，每天像李斯這樣去投靠呂不韋的人，有如過江之鯽，數不勝數。呂不韋聽說李斯前來投奔，根本沒當回事。

李斯應該是個優秀的廣告策劃師，看到呂不韋把他當成一般門客時，他及時打出了師傅荀卿這張名片。果然，一聽說李斯畢業於名校，師從大學問家荀卿時，呂不韋「雞凍」得鞋都穿反了，親自出門相迎，並安排李斯做了《呂氏春秋》的總編輯，實

地考察這個叫李斯的小夥子的文學功底和意識形態。

李斯沒有辜負呂不韋的期望，在做《呂氏春秋》總編輯工作時，把編寫工作進行的有聲有色，深得呂不韋的讚賞。按照常規，工作努力應該受到上級的獎賞才對，可《呂氏春秋》的成功編纂不但沒讓李斯事業飛黃騰達，反而招來了一場大禍，原因就是他的主人呂不韋先生徹底垮臺。

呂不韋倒臺，樹倒猴孫散，呂不韋的門客紛紛四散奔逃，李斯被當做同黨嫌疑列入被清理行列，後雖經查實無罪釋放，但人要倒楣，喝涼水都會塞牙縫，秦國又發覺了鄭國的間諜行爲，始皇帝對秦國境內的客卿，下達了驅逐令，李斯又被列入被逐的行列。

李斯的多年努力眼看就要「一江春水向東流」，十分鬱悶，鄭國向秦國派出間諜，你找鄭國麻煩就是了，爲什麼端掉六國客卿的飯碗？憤怒之下，他冒著被殺頭的危險，寫出了《諫逐客書》，向始皇帝示威抗議。

在這篇《諫逐客書》中，李斯用秦國先祖的成功經驗質問始皇帝驅逐客卿的行爲，並提醒始皇帝驅逐客卿其實是削弱自己壯大敵人的愚蠢行徑。

始皇帝皺著眉頭看完了李斯直言不諱的上書，不過這篇文章不但沒有使他憤怒，反而讓他從這篇《諫逐客書》中看到了李斯的膽識能力，這不正是自己一統天下所需

要的優秀人才嗎？李斯的建議改變了始皇帝的決定，他急忙頒佈了赦令，停止逐客的行爲，並任命李斯爲爲秦國的官員，讓他參與朝政。

李斯冒險向始皇帝上書這篇《諫逐客書》，充分說明了他不但是個合格的文學家，而且是個成功的心理學家，在這篇《諫逐客書》中，他準確的把握了始皇帝渴望統一天下的心理，通過自己的精彩演繹，成功打動始皇帝，成爲千古名諫。始皇帝在這場政治事件中表現出的博大胸懷，也說明秦國統一天下是大勢所趨。

在李斯的建議下，始皇帝不但廢除了逐客令，而且還頒佈了新的人才流動制度，廣納天下賢士爲秦所用，在李斯的努力下，很快秦國已經成了一個高待遇、管理人性化的國際化大公司。因此，很多小公司的業務骨幹、技術精英也都慕名而來，爲秦國的發展壯大、以至後來的整合上市發揮了傑出貢獻。

與秦國整日摩拳擦掌，積極準備，以實現世界統一爲己任的勃勃野心相比，他的友好鄰邦楚國，曾多次發表聲明，如果沒有秦國這樣的恐怖主義國家，楚國實力穩定發展指日可待。可這次，楚國國內陷入了前所未有的政治危機，這場危機甚至影響到了楚國的生存與發展。

楚考烈王很苦惱，因爲他感覺自己患了不孕症。楚考烈王繼位以來，一直沒有孩子，可生孩子對國王來說是很嚴肅的政治任務，為了能讓他生出孩子，楚國人給楚考烈王娶了很多老婆，給楚考烈王放假，讓他專心操勞此事，結果還是沒能如願，楚考烈王明白了，不能埋怨誰，一切只能怨自己。

楚國的大臣們可不知道楚考烈王沒孩子的毛病在他自己身上，在大臣們的推動和組織下，楚國展開了一個名叫「超級孕婦」的選秀活動：只要是楚國籍成年女性能懷上楚王的孩子，就可成為王后。高額的回報不但吸引了無數的楚國妙齡少女，連一個叫李園的男人都打起了這個活動的主意。

楚國進行了「超級孕婦秀」活動，許多女人參加都無功而返，李園本是流浪職業者，聽說只要懷上楚王的孩子就能當王后，也想參加，但由於身體條件的限制沒能如願，他靈機一動，自己有一個如花似玉的妹妹，正好用來彌補他性別的遺憾。如果妹妹參加並能成功懷孕，那自己不就是楚王的大舅子了?!

李園想讓妹妹懷上楚考烈王的孩子順利成為王后，可通過打聽才知道楚王得了不孕症，這麼難辦的事沒有難倒李園，他想辦法帶妹妹找到春申君，春申君也很為楚王發愁，在李園的一番勸說下，春申君心一橫，直接代替楚王讓李園的妹妹懷了孕，然後通過暗箱操作把李園妹妹送進宮裏，楚考烈王終於有了兒子。

在楚考烈王患上不孕症的情況下，李園的妹妹為楚考烈王生了個兒子，如願以償做了王后，春申君因為進獻有功，也受到了通令嘉獎。李園雖然也沒少得到好處，但總覺得自己犧牲了妹妹，卻便宜了春申君，最後還是春申君的兒子接楚王的班成為下任楚王，於是他準備培植力量，除掉春申君。

春申君的門客朱英為了能高升發財，向春申君彙報了李園的不軌行為，卻遭到春申君的驅逐，朱英偷雞不成蝕把米，非常鬱悶。也難怪春申君不相信朱英，在春申君眼裏，李園只是一個靠出賣妹妹升官發財軟弱無能的小人，再說，他和李園是真正的妹夫與大舅子，俗話說疏不間親，連這一真理朱英都忘了。

西元前二三八年，楚考烈王辭世，楚王的兒子，春申君真正的兒子，李園的親外甥繼位，李園撕下了自己的偽裝，派手下死士將入宮告喪的春申君扣留，給春申君扣上謀反的帽子，株連九族，春申君臨死前明白了：小人的妹妹是不能隨便睡的。可惜太晚了，名揚戰國的春申君就這樣死在了李園手中。

靠出賣妹妹身體成功上位的李園除掉春申君後，憑藉自己國舅的身分，再加上一些小人的手段做配合，正式執掌楚國的大權，想當年曾經無比輝煌的楚國，現在竟然淪落到被兼職人販子李園這樣的小人控制朝政的地步，可憐、可悲、可嘆！從此楚國再也不能成為始皇帝統一天下的障礙了。

中國的政治鬥爭歷來講究攘外必先安內，年幼的始皇帝在秦國親政後，先後扳倒

了嫪毒、趙太后、呂不韋三座大山，穩定了國內的政局，這就叫安內。與此相對應，困擾始皇帝最大的問題——統一六國，就算是攘外了，該如何統一六國？這個目前爲止世界上最大的課題，還需要始皇帝和他的智囊團認真研究。

秦國雖然在戰國獨領風騷很多年，但其他六國已經存在幾百年，各國之間利益互相糾纏，關係錯綜複雜，況且都有自己的軍事文化背景，這些都有可能給秦國的統一製造麻煩。在這紛亂的世界上，到哪裡去尋找適合秦國情況的一統天下方針呢？秦始皇想到了那個楚國人李斯，他相信在他那裏能夠找到答案。

多年鑽研各項技術方案並進行革新的李斯，不但學富五車，整人很有一套，而且對六國的脾氣秉性也進行了分析，靠著經驗及對六國性格的研究，結合當時秦國的局勢，提出了總的戰略方針：由近及遠，集中力量，各個擊破；先北取趙，中取魏，南取韓，然後再進取燕、楚、齊。

由於專業的不對稱，李斯雖然考慮過秦王統一六國方針，但很慚愧沒有突破口，李斯的專業是法家，精通治國之術，要考慮謀國之策，他只能乾瞪眼。不過李斯既然深通權謀，肯定知道如何爲老板分憂，他爲老板推薦了一個叫尉繚的外國軍事專家，並介紹了這位專家的最新科研成果——秦滅六國方法論。

戰國時期的尉繚是個神秘莫測的高人，江湖上對尉繚的介紹有兩個版本：一是魏惠王時期的尉繚，拜鬼谷子爲師，職業是軍事理論家，曾出版《尉繚子》一書，記載了兵法二十四篇，後來定居了魏國；二是李斯介紹的尉繚，也是位軍事家，來自魏國大梁。不過二人年齡懸殊較大，不知是否同一個人。

李斯急始皇帝之所急，爲始皇帝推薦軍事家尉繚，以成就起雄霸天下的野心，始皇帝向來求賢若渴，爲了顯示自己尊重知識分子，始皇帝規定尉繚的衣食住行與自己待遇相同，這在等級觀念森嚴的時代，簡直是不可想像的時期，就連大功於秦的李斯最後也沒有混到這個級別，可以想像始皇帝對他的尊重。

尉繚這個人不但技術能力突出、業務素質高，對心理學研究的也相當透徹，是不可多得的全面型人才。在和秦王嬴政同吃同穿同住的那段日子，他對秦王的性格做了相當透徹的分析，最後給嬴政的性格出了一份檢測報告：「少恩而虎狼心。」說他事業未成的話，肯屈居忍下，但一旦得志就極易吃人。

經過對秦王性格重點分析得出結論後，這個心理學博士最終看到了自己和秦王相處下去的未來，伴君如伴虎，他最終還是決定設法跳槽，公司雖大，總有一天會容不下他。但是嬴政也不是吃素的，他看出尉繚的跳槽意圖之後便極力勸阻，任命尉繚爲國尉，而且美女、豪車、別墅任他選擇。

國尉是一個怎樣職位呢？稱它爲國防部長一點都不過分。在這個職位上，本身就兢兢業業的尉繚，工作又加倍的努力，盡職盡責，用自己的行動證明了自己値那個價。他不但建議秦王嬴政承范睢「遠交近攻，各個擊破」的策略，還進獻了離間六國諸侯的整套技術方案，並先後爲秦國掃平群雄，建立了巨大的功勛。

在國尉的位置上幹了一段時間，功成名就的尉繚也開始想著掙點養老金了。無論什麼時候，做適合自己的事情都是相當重要的，尉繚思考再三，綜合分析自己的優缺點，最終他決定出書。接著，他就花費了相當大的精力系統，總結了自己對戰爭和戰略、戰術等方面的經驗、觀點，最終寫出了《尉繚子》一書。

李斯是個小心眼的人，而且還嫉賢妒能，從他後來整死自己的同學韓非子這件事上可以清楚的看出他的這些性格。但像李斯這種爲維護自己利益，根本不按套路出牌的人，卻沒有對尉繚下手，排除李斯改邪歸正的可能性以外，只能說明尉繚有著獨特的魅力，這種魅力根本不會讓李斯感受到威脅。

神奇的尉繚在被始皇帝聘爲統一六國總顧問之後，給始皇帝上書，對當前形勢進行了簡單而又精闢的分析，認爲目前秦國雖然強大，但秦國的強大給其他六國帶來了嚴重威脅，猶如眾矢之的，人人欲對之，一旦六國形成利益共同體，再次組織聯軍合作進攻秦國，就會對秦國的發展帶來不好的結果。

尉繚告訴始皇帝，如果要順利統一六國，軍事強攻只是其中一個途徑，最好能成立一個專門的基金會，專款專用去腐化外國的官員。拿人手短吃人嘴短，那些收了秦國錢的官員，自然要給秦國辦事，最起碼不好意思跟秦國動手動腳了。等六國的當權派都成了秦國編外大臣，一統六國也就指日可待了。

在始皇帝焦急的期待眼神中，尉繚獻出胡蘿蔔加大棒的統一六國之策，始皇帝深以爲然，制定了先從內部將六國分化，然後再展開軍事打擊的戰略步驟。尉繚對六國的滅亡應該負有不可推卸的責任，令人不解的是，尉繚作爲一名外籍人士，爲何如此心狠手辣，急切盼望始皇帝能儘早統一六國呢？

尉繚認爲，縱觀戰國時期，老百姓居無定所，食不果腹衣不遮體，幸福指數每況愈下，生命安全很難得到保障，這所有的根源都在於國家間無休止的戰爭，如果自己能施展才學，幫助其中一國一統天下，群眾的這些痛苦就不復存在了，而最合適的就是秦國，因此在他心目中，助秦國滅六國，其實是救六國。

尉繚爲了天下蒼生，摒棄國家和民族的隔閡，全心全意幫助始皇帝統一六國。他的這一行爲不但沒有人理解，還受到了六國百姓的指責謾罵，尉繚沒有退卻，他說：「林子大了，什麼鳥都有，隨他去吧！」就這樣，始皇帝人氣一路飆升，在一幫文臣武將的輔助之下，開始了一場前無古人的宏圖大業。

在秦國最終整合六國、嬴政榮登終極boss的時代，很多外籍人士起到了舉足輕重的作用。除去表現最爲出色的李斯、尉繚兩位技術技術型人才外，還有很多操作型人才，比如：王翦、蒙恬等等，正是有了這些工作在最基層的管理人員的奔走效勞，嬴政才能順利掃除各種障礙，最終實現那個偉大的目標。

Q 東風有多強

有規劃、有管理、有實力，當時的秦國已擁有了所有備戰條件，正是「萬事俱備只欠東風」。恰在此時，趙國的處境暴露出的弱點，給秦國吹了一股強勁的東風。爲了防備匈奴，趙國成天累死累活的修築長城，而後院的燕國也不是省油的燈，淨幹些落井下石的事，腹背受敵的趙國可謂是相當落魄。

趙國的趙悼襄王這幾天一直在回憶，回憶自己的榜樣趙武靈王的光輝業績，也難怪他只能靠回憶做一做大國的美夢了，最近幾十年來，秦國使勁的欺負趙國，現在趙國已經沒落爲世界二流國家了，想到這些，趙悼襄王就覺得自己十分窩囊，他不住地感嘆：如果自己能像前輩趙武靈王那樣具有雄才大略，那該多好呀！

遙想當年的趙武靈王，那可是個複合型人才，既是軍事家、政治家，又是戰國著名的軍事服裝設計師。他第一次顯露自己的實力，是在他老爸的葬禮上。趙武靈王的老爸趙肅侯去世後，根據國際慣例，國家君主新喪，各國都會派出弔唁團前來弔唁，順便做一些見不得人的勾當，賺一些便宜，當然這次也不例外。

趙肅侯生前是個性情中人，他信仰武力是顯示外交強弱的唯一標準，在他當政的那些年中，趙國到處尋釁滋事，因此趙肅侯的人緣極差。聽到他的死訊，魏惠王振臂一呼，各國紛紛響應，聯合組織了治喪委員會，順便準備在弔唁老朋友的過程中去趙國狠狠占一把便宜，以解往日之恨。

面對各國不懷好意的弔唁活動，趙國新君趙武靈王沒有慌張，雖然他才十五歲，卻像個成熟君主一般沉著冷靜地找出了各國的軟肋，組織手下逐個擊破，最後成功挫敗了五國的不軌行爲，趙武靈王經受住了人生第一次重大考驗，受到了趙國人民的尊敬和愛戴，他後來能取得輝煌的成績，也就不足爲奇了。

魏國組織五國聯盟攻趙，趙武靈王用重金賄賂越國，然後讓其攻打楚國，楚國自顧不暇，退出了五國聯軍；他又忽悠樓煩強攻燕國，燕國腹背受敵，無奈之下和趙國簽署和平協定；燕、楚兩國退出攻趙聯盟之後，趙國又以利益共用爲誘餌，聯合韓、宋兩國，共同抵抗聯軍。就這樣三管齊下，五國聯盟瓦解。

趙武靈王不但具有超強的軍事組織才能，而且還是一個相容並蓄的國際主義者，

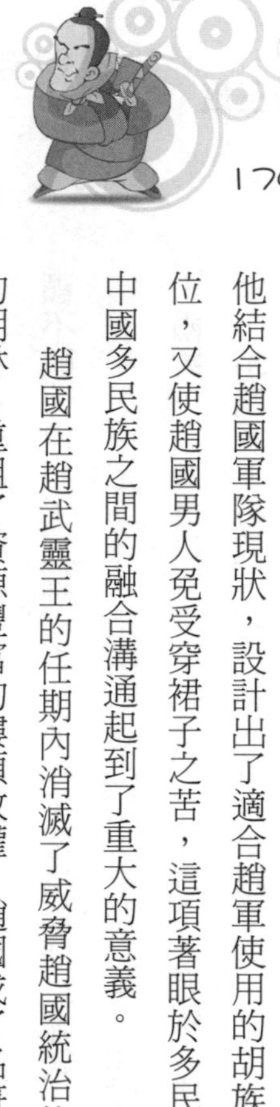

他結合趙國軍隊現狀，設計出了適合趙軍使用的胡族服裝體系，既提高了趙軍衣著品位，又使趙國男人免受穿裙子之苦，這項著眼於多民族交流合作的新潮服裝探索，爲中國多民族之間的融合溝通起到了重大的意義。

趙國在趙武靈王的任期內消滅了威脅趙國統治的中山國，打跑了騷擾趙國邊境的胡林，重組了資源豐富的樓煩政權，趙國成了名符其實的超級強國，甚至連秦昭襄王繼位都是在趙國的秘密援助和安排下進行的，然而風水輪流轉，到今日趙悼襄王時期，龐大的趙帝國如今只剩下邯鄲附近的一丁點地盤了。

相對於趙國的輝煌歷史，燕國始終顯得平淡無奇，但燕國也是個有個性的國家，他的個性表現在脾氣古怪上，燕國地處老少邊窮地區，想往中原發展，趙國和齊國不同意，所以燕國一直貧困弱小，但弱小的燕國不是一個愛好和平的國家，夾縫生存原理讓他疲憊不堪，戰國每次戰爭都能看到他弱小的身影。

在國際社會，燕國給自己國家定位於在大國夾縫中求生存，燕國甘願被各位老大們當槍使，這樣可以因成爲大國間互相牽制的棋子而受到重視，但隨著形勢的發展，秦國逐漸一支獨大，沒有國家可以和他抗衡了，燕國也就失去了在左右逢源中謀求利益的機會，這樣燕國的生存空間也就越來越小了。

歷史上，秦國對自己的鄰居趙國很感興趣，根據地緣政治學理論，一直夢想雄霸天下的秦國發現，只要吞併了趙國，秦國就能實現北接燕國，東至齊國，中圍韓魏，南通楚國，這對秦國的雄圖大業非常重要，就是這個原因，秦趙多次開戰，趙國雖屢屢失敗，可趙國也是大國，想徹底消滅還要費一番功夫。

秦國想滅掉趙國，於是就派人與燕國聯繫，目的為保持遠交近攻。趙國看透了秦國的計謀，就直接派人去秦國談判，承諾只要秦國不欺負趙國，趙國願自費對燕開戰，戰後利益全部歸秦國所有。有這等好事，始皇帝如果不答應真是腦子進水，於是在利益的驅動下，燕國成了兩國交易的犧牲品。

西元前二三六年，趙國迫於無奈，武力進攻燕國。爲了師出有名，趙國再次喊出了「洗包圍邯鄲之恥」的口號，由於這次又兼顧著吞燕奉秦的使命，趙軍的戰鬥力格外高漲，一路上勢如破竹，很快拿下了燕國的貍城和陽城，根據協定規定，趙國不惜耗費巨大的人力物力，把從燕國掠奪來的物資獻給秦國。

客觀的說，趙國攻打燕國的目的並不是那麼單純，他除了想通過這一手段阻止秦國對趙國的攻擊之外，最主要的目的就是通過對燕國的戰爭，爭取到寶貴的時間，從而發展壯大趙國的力量，甚至把戰利品獻給秦國，也是爲了迷惑秦國的一個舉動，其最終目的是滅掉燕國之後和秦國進行一場大決戰。

燕國糊裏糊塗的收到了趙國的進攻，一直到趙國軍隊開到燕國國內，燕國也沒明白過來，本來是秦國和燕國聯合攻打趙國，怎麼又變成趙國攻擊自己了，看來國際形勢實在是變化萬端。但既然別人已經打到家門口了，還得尋找解決危機的辦法才對，燕國想來想去，又將目光對準了秦國老大哥。

燕國準備派人到秦國尋求幫助，卻找不到去秦國的合適路徑，由於地理和科技的原因，從空中坐飛機過去好像不太現實，繞道匈奴無異於自尋死路，借道韓魏吧，韓趙魏本身是一家，人家也不讓，想來想去要去秦國只剩下趙國這一條，燕國的使團只好頂風作案，取道趙國，結果趙國以非法入境罪扣留了燕國使者。

面對去找秦國求援的燕國使者，趙悼襄王當然不允許，他以邀請使者團在趙國旅遊爲藉口，留下了使者，有理又不失感情。可燕國使者發揚蘇秦遺風，一頓忽悠，闡述了如不放人就會破壞秦趙聯盟的悖論，趙悼襄王腦子本來不太好使，這些悖論讓他更迷糊了，於是他迷迷糊糊地放燕使去了秦國。

燕國使者既然能忽悠趙國放行，當然也能忽悠秦國出兵攻趙，始皇帝和燕使會晤之後，認清形勢，發覺讓趙國攻燕其實是中了趙國的圈套，只能在此時和燕國兩面夾擊攻擊趙國才是上上之策。秦國出於自身利益，再次單方面撕毀協議，派出兩路大軍，互爲犄角之勢，浩浩蕩蕩地殺向趙國。

秦國派王翦、楊端從西路進發，桓齮從南路進攻，兩路大軍齊頭並進進攻趙國，對於這些大將來說，去趙國打仗是熟門熟路，而且對趙國的兵力部署、戰術應用、人員素質都一清二楚，仗打起來那是相當輕鬆，很快攻取了趙國九座城池，每當秦軍晚餐時，都能隱約看到邯鄲城內做飯的裊裊炊煙了。

首都邯鄲告急，正在燕國大肆搶掠的趙將龐煖急忙調轉馬頭，回國救援，但亡羊補牢爲時已晚，秦軍已經將趙國南部的廣闊平原變成了秦國新的軍事基地，這就意味著秦國徹底切斷了趙國同魏、韓的聯繫，而秦軍的後勤補給完全可以依靠趙國供給，趙國首都邯鄲再也無險可守，變成一座孤城。

不管趙悼襄王的能力如何，要論自覺性，他還是素質較高的，當他看到祖宗的江山就要敗在自己手中，自覺地兩腿一蹬，到陰間找祖宗謝罪去了。這可愁壞了他兒子趙幽繆王，老爸把祖宗基業傳給了自己，可傳下來的是個爛得不能再爛的攤子，看來自己注定要做老爸的替死鬼，承擔起亡國之君的罪名。

趙王遷史稱趙幽繆王，他是真正的受命於危難之中，以前多次申請擔任趙王職位，都被老爸罵得狗血噴頭，眼看這次秦軍打到邯鄲老爸才讓位，命苦不能怨政府，只能怨老爸。不過趙王遷還是暫時保住了祖宗基業，因爲秦國考慮到趙國掌門人剛剛上任，趕盡殺絕有損名聲，再說秦國在南方還有事需要處理。

西元前二三五年，魏國和楚國之間爆發了一場不該發生的戰爭，起因還是秦國，

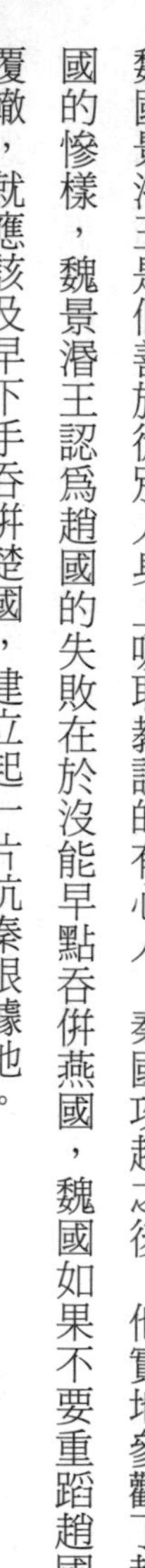

魏國景湣王是個善於從別人身上吸取教訓的有心人，秦國攻趙之後，他實地參觀了趙國的慘樣，魏景湣王認爲趙國的失敗在於沒能早點吞併燕國，魏國如果不要重蹈趙國覆轍，就應該及早下手吞併楚國，建立起一片抗秦根據地。

看到秦國在趙國的軍事恐怖主義，魏景湣王決心攻打友鄰楚國，原因有三個：楚地地形複雜，戰略位置重要；楚國是個軟柿子，人民害怕戰爭，士兵戰鬥力不強，戰鬥素養較差；楚國政權把持在陰謀家兼人販子李園手中，國內政局不穩，如果打著爲楚鋤奸的口號，可以爭取到很多人的支持，也可以暫時迷惑秦國。

始皇帝之所以能成就霸業，不是幸運使然，而是他有著敏銳的洞察力，在魏國對楚國的小把戲中，始皇帝看到了其中的不和諧的因素。面對魏國的拙劣表演，始皇帝思來想去，覺得以目前情況分析，此時發兵攻魏是下下之策，助魏攻楚才是上上策，只有這樣才能實現傷亡耗費的最小化和利益的最大化。

看到魏國侵略楚國，始皇帝沒有幫楚國打抱不平，反而要幫助魏國，他認爲如果秦國伐魏，必然會損耗魏國和秦國的軍事力量，楚國坐收漁人之利，實力不會有絲毫的影響，對比魏國和楚國，魏國不過是暫時得勢的小人，不會興起大波浪，反而楚國是一頭沉睡的雄獅，一旦醒來會給秦國帶來無盡的傷害。

秦國通知魏安釐王，想派兵助魏攻楚，魏安釐王不太情願，因爲這樣一來，魏國部隊的後面，就有了一支數量龐大的秦國監軍，倘若魏國攻楚不利，秦國到底打誰還是個未知數，但以魏安釐王的智商，抓破腦袋也想不出拒絕秦國的理由，只好違心同意秦國要求。於是秦國與魏國合兵一處攻打楚國。

始皇帝派兵協助魏國攻楚，一方面可以瞭解魏國軍隊的情況，另一方面可以利用魏國去試探楚國的能力。巧妙的計畫只有碰到能完美實施計畫的人才能成功，可惜始皇帝沒有用到這樣的人才，最起碼這次伐楚行動的秦軍總指揮辛梧不是，由於辛梧的自我保護意識太強，最終導致這場戰爭慘澹收場。

秦國大將辛梧這次被派到楚國戰場上擔任伐楚的秦軍指揮，明眼人都知道是讓他鍍金來了，這樣只賺不賠的買賣實在太難得了，本來秦國的作戰目標靜觀其變，伺機而動，力爭在秦國努力下讓楚魏兩敗俱傷，而辛梧要扮演的就是漁翁的角色，天上掉餡餅的好事都能砸到辛梧頭上，不能不說他是個幸運兒。

聽說秦魏聯合伐楚，楚國令尹李園沒有驚慌失措，根據他多年陰謀詭計的經驗，他想出來利誘秦國總指揮辛梧的辦法來解決危機。李園親自出馬，化裝成楚國說客，以秦將井忌爲鑒，提醒辛梧，如果秦軍得勝，秦楚修好之後辛梧肯定性命難保。出於同情心和好事做到底的考慮，李園爲辛梧設計了按兵不動的妙計。

辛梧採納楚國好心人的建議，遲遲按兵不動，直到半年後才發兵攻楚。爲楚國爭

取到了組織防禦的時間，楚國也因此暫時免遭了滅國的危險。李園憑藉陰謀詭計，靠著三寸不爛之舌，改變了楚國的命運，成爲楚國有膽有謀的不世之臣。最可憐的是辛梧，一隻腳已經跨進了名將的行列，卻被李園硬生生的拉回地獄。

縱觀戰國大局，唯有秦國獨好，始皇帝擺平了魏、楚、燕等國的各項事宜後，又把目光對準了趙國，由於地緣政治的需要再加上趙國自身能力的缺陷，始皇帝打算把趙國當做他統一六國的突破口。西元前二三四年，始皇帝任命大將桓齮爲滅趙總指揮，正式出兵伐趙，桓齮也意識到了老板的決心，他發誓不破趙國終不回。

趙國平時疏於軍隊建設，周邊防守鬆懈，面對秦國攻擊毫無還手之力，桓齮大軍長驅直入，一路攻城掠地來到趙國北大門武城，沒想到在武城遇到了趙將扈輒率領十萬大軍的支援。聽到趙軍的數量，桓齮開始有點小緊張，但幾天之後他就明白了，原來趙軍數量和品質不成正比，趙將扈輒也是個軟蛋。

趙王遷在危難關頭派貪生怕死的扈輒去抵擋秦國進攻，國家生死存亡任用劈柴，難道是趙王遷被秦國進攻嚇傻了？扈輒這樣膽小如鼠的將領趙王遷都能用，是因爲趙王遷是個不折不扣的廢物，在趙國，任命對抗的秦將領，不是以能力的大小作爲考量的，而是以誰能聽趙王遷的話做標準的，這也跟趙國政局有關。

趙王遷接替老爸坐上趙王位置後，一直地位不穩，因爲趙王遷本不是趙國法定繼承人，因他老媽受寵，趙悼襄王廢長立幼，他才有今天，所以很多人不服氣，趙王遷本人能力不大，但吃喝嫖賭抽樣樣俱全，對國家政事卻不聞不問，是當時國際聞名的昏君形象代言人，趙國上下早傳出「欲用哥哥趙嘉取而代之」的言論。

趙王遷在國內地位不穩，沒辦法，他只有努力培養自己的班底，一方面可以鞏固自己的地位，另一方面當這些人取得成績後，可以增加他治國的威望。出於這樣的目的，在這次抵擋秦國進軍中，趙王遷放棄龐煖這樣的大將不用，而是選擇了廢柴扈輒率軍抗秦。

國敗皆由私心起，趙王遷用自己愚蠢的任命再次詮釋了這句話的真諦，由於扈輒能力所限，趙國再現長平慘劇，十萬趙軍被桓齮全殲於武城，趙國的最後一點家底也被趙王遷敗光了，趙國眼看回天乏術，趙王遷心如死灰之際想到了一個人，也就是這個人又一次延緩了趙國的壽命，他就是李牧。

高手過招

西元前二三三年，在趙國一路高歌猛進的桓齮暫時休整之後，穿過上黨，翻過太行山，突然出現在赤麗、宜安之前。這兩座城池是趙國漳水以西最後的屏障，攻破二城，趙國也就名存實亡了，趙國的防守能力依舊穩定，幾天功夫兩座城市就被秦軍攻破。消息傳回邯鄲，輿論大嘩，有人就已經開始收拾跑路了。

李牧正在邊關戍邊，突然收到趙王遷的雞毛信，要他趕緊回援救駕，領導有難不能耽擱，李牧冒著匈奴進犯的危險，帶領邊防軍日夜不停的趕往邯鄲。趙王遷調動李牧抗擊秦軍，算是估對了形勢，放眼趙國，戰鬥力能跟打仗不怕死的秦軍有一拼的軍隊，除了李牧的邊防軍，也只能求助於祖宗顯靈了。

李牧在全國人民期盼眼神中來到了漳水東岸，此次他接到的戰略目標是支援赤麗、宜安，保著趙國的西大門，可令人看不懂的是他沒有渡漳水投入戰鬥，而是宣布大軍就地安營紮寨，築造防禦工事，準備抗擊秦軍。不是李牧不懂軍事，而是他太懂戰爭了，如果此刻按領導意圖主動進攻，趙軍肯定慘敗而回。

李牧是趙國的高級將領，對於「將在外君命有所不受」有著自己的理解和感悟，雖然趙王遷多次派人催促李牧渡河，擊退秦軍，收復趙國的失地，李牧明白秦軍此時已經張開懷抱等趙軍進入，倉促作戰，趙軍僅存的家底也將無法保全，為了保存趙國實力，他選擇了放棄了赤麗、宜安兩城，坐等合適戰機。

看到趙國士兵轉行做了建築工人，在漳水東岸的工地上挖壕溝、堆土方、豎營壘，桓齮的內心哇涼哇涼的，他佈置幾路伏筆，準備誘殲李牧援軍，沒想到李牧這麼不上道，竟然要和秦軍打持久戰。桓齮的戰略計畫沒能實施，不過他心理素質不錯，馬上意識到和李牧作戰就是棋逢對手，夠勁！

桓齮設計引李牧出動，尋求與李牧決戰，但李牧面對戰略要地肥下被圍請求支援的文書，根本無動於衷，作為大局觀念很強的優秀將領，李牧不是不擔心肥下安危，但他更要為趙國的安危著想。為了解決肥下危機，他不走尋常路，趁秦軍攻擊肥下的空檔，反而命令部隊渡河收復赤麗、宜安。

趙國要地肥下被圍，李牧不但不去解救肥下，反而去攻擊秦軍棄置的漳水西岸的大營，他這一舉動讓軍事觀察家看不懂，認為他這次注定徒勞無功。然而出人意料的是，桓齮聽到趙軍渡河的消息後，立即停止在肥下的一切軍事行動，率領著大軍就往回趕。桓齮的舉動更是讓人迷惑，難道他和李牧在做表演秀？

作為一名優秀的將軍，李牧瞭解戰場主動權的重要性，他沒有按照敵人給自己設定的路線去解救肥下，反而攻擊敵軍老窩，雖然這樣起不了實際的作戰效果，但會讓始皇帝對桓齮的能力產生質疑，這種質疑會嚴重影響桓齮的仕途發展。此時處於劣勢的李牧掌握了戰場主動權，他決定教訓一下秦國軍隊。

桓齮急於回援自己的大本營，卻不料李牧在秦軍返回的途中設下埋伏。桓齮的隊伍剛渡過漳水，四面八方就出現了趙國騎兵的身影，秦軍立足未穩，一個個成為了趙軍衝鋒的活靶子，秦軍遭受了前所未有的損失。桓齮徹底失敗了，不過他不是敗在李牧手下，而是敗在權勢地位的負擔上。

秦軍大敗的消息迅速傳遍五湖四海，李牧成爲了人民心中的偶像，而敗將桓齮雖僥倖突圍，但懼於秦國的苛刻處罰，畏罪潛逃到燕國去了。始皇帝盛怒之下，遷怒於桓齮的家人，戮盡其父母親族，並懸賞千金捉拿桓齮，桓齮有幸成爲秦王通緝令中懸賞金額排名第二的人物，可見始皇帝的憤怒之情。

這次秦趙之戰是近年來列國和秦國軍事摩擦中唯一的一次大勝，它的意義不僅僅在於讓趙國收復了大量失地，更重要的是，這次勝利提高了六國抗秦的信心，趙國也給六國抗秦樹立了典範，成爲六國抗秦的信心來源，趙國用實際證明了秦國不可戰勝的神話破滅，李牧也因戰功受到獎勵，被趙王遷封爲「武安君」。

＊微歷史大事記＊

西元前二五〇年十月四日　秦孝文王去世

西元前二五〇年　秦莊襄王嬴子楚繼位，嬴政被立為太子

西元前二四七年五月廿六日　秦莊襄王去世，嬴政繼位

西元前二四七年　最後一次五國聯合攻秦失敗

西元前二四七年　李斯投奔秦國

西元前二三八年　平定嫪毐叛亂

西元前二三七年　呂不韋被免職，後被賜死，嬴政正式親政

西元前二三三年　李牧大敗秦將桓齮

第四章

統一六國篇

始皇帝的追夢歷程

韓流來襲

秦軍兵敗，始皇帝自我剖析，認爲自己也應該負監管不力的責任，由於《呂氏春秋》中鼓吹的民主思想和重用賢臣、限制君權的理論非常不對始皇帝胃口，也不太適合當前社會，他一直在努力尋找一套能代替《呂氏春秋》的理論體系，始皇帝想利用這套體系對自己的統治地位加以保護和鞏固。

愛好讀書的始皇帝偶然間讀到了《五蠹》、《孤憤》等一些國際名著，這些韓流思想深深的打動了始皇帝，比如《孤憤》認爲君主應該牢牢掌握國家的權力，臣子權力過大容易亂國，而《五蠹》則直接提出只有君主專制才能實現國家的長治久安，這些思想和始皇帝想法達到了驚人的一致。

始皇帝最近對一個人，確切的說，是對一個男人發生了濃厚的興趣，當然這與性取向無關，他對這個叫做韓非子的男人感興趣，只是因爲韓非子的治國理念和始皇帝的政治導向暗合，自古知音難覓，現在知音就在燈火處，始皇帝激動的心情難以言表，他很想把這個叫做韓非子的人聘請到秦國任職。

許多人瞭解韓非子，是從他的生理缺陷開始的。

韓非，韓國的公子，是有歷史記載以來中國地位最高的結巴，他雖然說話結巴，但身殘志堅，以博學多才、精通刑名法術聞名列國，他的著作名列暢銷排行榜首位，高貴的出身加上儒雅的氣質，使韓非成爲戰國廣大少女崇拜的偶像。

韓非雖是韓國公子，地位尊崇，但他畢竟不是韓國君主，他想把自己一生所學用於報效國家，卻遭到韓恆惠王的羨慕嫉妒恨，韓恆惠王怕他影響力過大取代自己，所以一直在政治上打擊韓非，更有甚者，韓恆惠王還曾經派人公開斥責韓非子有政治野心，韓非在祖國的日子很不好過。

上帝關上了一扇門，必定會開啓另一扇門讓人通過。韓非因爲口吃，無法口若懸河的演講，所以他在受到韓恆惠王誣陷時，沒有爭辯，而是憤怒的拿起自己的筆，向世人訴說了自己的內心世界，講解了自己的政治主張，出版了諸如《孤憤》、《五蠹》、《說難》等等法家著作，看來韓非的成功還要感謝韓王的壓制。

始皇帝不是妙齡少女，卻也成了韓非子的忠實粉絲，每每看到韓非語不驚人死不休的言語，看到他的文章中表達的真知灼見，聯想到他理想中的國家模式，始皇帝都有一種與他朝夕相處的衝動，於是他召來了廷尉李斯，向他詢問有關偶像韓非子的一些隱私，沒想到李斯的回答讓始皇帝大吃一驚。

始皇帝急召時任廷尉的李斯覲見，君臣二人首先在友好的氣氛中互拍了一陣馬屁，然後就最近國際中出現的一些問題交換了一些看法，隨後始皇帝話鋒一轉，吞吞吐吐地談起了自己的偶像韓非，沒想到李斯告訴始皇帝，韓非和他是「荀卿職業技術學院」的同學，還是哥們，然後又告訴了始皇帝一些韓非的成長故事。

李斯和韓非的確是同學，但並不是哥們，確切的說，他想和韓非成爲哥們，但韓非看不上他。在「荀卿職業技術學院」，李斯也是學校風流才子類型的人才，但在出身高貴、成績優異、個性十足的韓非面前，他老是有一種「既生瑜，何生亮」的感覺，他曾特意接近韓非，爲的是更好的瞭解韓非，但韓非對他好像有些無視。

面對任何方面都比自己優秀的韓非，李斯用一種複雜的心理，小心謹慎的做著對韓非的研究工作，他很清楚，在人才流動頻繁的戰國時期，自己和韓非或許有一天會成爲對手，爲了將來的勝利，李斯要求自己：韓非會的，他一定要比他掌握的透徹，韓非不會的，自己也一定要學會。他高深的權謀詭詐之術正得益於此。

在老板面前，深通權謀之道的李斯當然不能說老板偶像的壞話，他告訴始皇帝，韓非在學校期間就是自己的榜樣，自己的才學和韓非相比相差甚遠。始皇帝一聽很高興，要求李斯想法去挖韓國牆角，高薪聘請他到秦國任職。李斯心裏的那份後悔呀，早知道是這個結果，還不如早說自己和韓非素不相識呢。

李斯告訴始皇帝，韓非雖然學富五車才高八斗，但恐怕很難爲秦所用，韓非本身

就是韓國公子，國家觀念非常強，此人個性十足，恃才放曠，目中無人，這些年在韓國無所作爲，就是性格惹的禍，況且作爲韓國公子，韓國和秦國素來有仇，即使去請他也不一定願意來，當然韓國也不一定讓這種人才外流。

看到始皇帝執意邀請韓非來秦國工作，李斯爲始皇帝獻上了一個陰險的計策，他讓始皇帝發兵攻打韓國，迫使韓王交出韓非。

李斯的借刀殺人之計可謂損到了家，一旦攻打韓國，一種可能是韓國被逼交出韓非，還有一種可能，就是韓王會遷怒於韓非，將其殺掉。不管出現哪種可能，韓非的日子都不會好過。

李斯以爲始皇帝以爭奪人才爲名，組織大軍攻韓，這次名義牽強的戰爭會讓韓國陷入兩難境地，以韓國國力想和秦國搞軍事對抗，成功率極低，如果爲洩憤殺掉韓非，秦國肯定會以韓國不識相滅掉韓國。爲了韓國的最高利益，韓王決定把韓非交給秦國。這種結果是李斯最不願看到的，也爲韓非的悲劇埋下伏筆。

西元二三三年，心情複雜的韓非坐上駛往咸陽的馬車。

從河南到陝西，這是一段漫長的旅途，也是他人生中最後一次遊歷山河美景。塵土鋪天的古道上，韓非百味陳雜。他最大的心願就是治國安邦，可笑的是，祖國吝嗇於給他一個展示的機會。四十多年的雨打風吹，他早已經心灰意冷，秦國卻在這個時候給了自己實現夢想的舞臺，難道自己要幫助秦王征服天下，包括韓國麼？

在去秦國進行學術交流的路上，韓非非常糾結，自己在韓國雖然說高富帥，到了秦國會怎麼樣呢？自己的專業是治理國家，這些理論是花費了大量韓國納稅人的鈔票才換來的，如果貢獻給秦國，會不會被韓國父老以侵犯知識產權和違約罪起訴？還有李斯，當初自己的那個小跟班現在在秦國已經是高階主管，怎麼面對？

始皇帝對自己的偶像蒞臨秦國一事非常重視，他充分發揮了自己的炒作天才，通過各種宣傳管道對這一即將到來的時刻進行了預測，並且還發表自己將會現身街頭迎接韓非的到來，果然在韓非進入咸陽時，街頭人山人海，鑼鼓喧天，始皇帝更是出城十里親自相迎，韓非「雞凍」得小淚橫流。

韓非在秦國的這些天裏，時刻被始皇帝的盛情款待感動著，不過韓非是個頭腦清醒的王二代，他沒有因爲始皇帝好吃好喝的招待迷失了自我，更沒有忘記來秦國訪問的原因和目的，想到祖國人民還處在水深火熱之中，爲解韓國被攻的危機。他寫了一本《存韓》論文，報於始皇帝，規勸其休兵止戈，放過韓國。

爲了挽救祖國的大好河山，韓非不但強調了韓秦友誼，還給秦國製造一個比韓國更爲可怕的假想敵——趙國，他告訴始皇帝，趙國剛剛取得的肥下大勝，在勝利的鼓

舞下，趙王遷肯定會趁機準備搞合縱以擴大對秦的勝果。秦國現階段的首要任務，應該是考慮如何消滅趙王遷的陰謀詭計，而不是欺負弱小的韓國。

始皇帝雖追星，但不沉迷明星，對韓非的這些論調，他在課下進行了仔細的分析，最後認爲，韓非的話絕非危言聳聽，秦國攻韓確實有弊端，韓國幾十年來在秦國的剝削之下，雖然地盤縮小、綜合國力衰弱，但韓國地理位置優越，是把持東南西北道路的咽喉要塞，城堅池厚，易守難攻，要想滅韓絕非一日之功。

韓非運用自己扎實的理論告訴始皇帝，如果秦國陷入韓國戰爭的泥潭，那些有著趁人之危前科的列國肯定不會安分守己，而目前魏國、楚國、齊國、趙國都還有一定的實力，如果他們再來一場規模巨大的合縱攻秦，夠秦國喝一壺的。所以韓非認爲秦國應該立即停止侵略韓國，聯合魏楚孤立趙國，再去消滅趙國。

不知道韓非和張儀蘇秦是不是好朋友，但他在始皇帝面前的表演明顯有著這二位的痕跡，他儘量擴大了秦國攻韓的危害，更是把趙國危險論上升到一個隨時可能發生的高度，其實這是一個明顯的悖論，自從秦國成功崛起之後，六國完全生活在秦國的侵略恐怖之下，精神已經垮了，哪還有什麼亡國滅種的危險？

始皇帝出於對韓非的個人崇拜，準備下令停止攻韓，這時，一直頭腦冷靜的李斯給他潑了一盆冷水，他覺得韓非的論調完全是極端民族主義思想在作怪，是典型的救

韓理論，雖然趙國也該被打，而且趙國確實有號召合縱的嫌疑，但這都是建立在秦國攻韓不利的條件上，因此，加速攻韓才是正道。

看到李斯在存韓還是滅韓問題上一直和自己作對，韓非內心不住的問候李斯的長輩，眼看始皇帝已經答應停止進攻韓國，沒想到在李斯的忽悠下，始皇帝又改變了主意，更可氣的是，李斯還認爲秦國應該加速進攻韓國，如果這成了事實，韓非忍辱赴秦的願望又成了一場春夢，讓韓非如何面對韓國父老呀！

從表面看，韓非和李斯在停止攻韓還是加速攻韓的爭論，完全是方法論的爭論，都是爲了秦國著想，一時間到底同意誰的觀點，始皇帝有點難以把握，再說，一方是自己的偶像，一方是自己的心腹，都是自己精神領域的安慰劑，左手右手都是肉，怎麼辦？關鍵時刻，始皇帝活起了稀泥，下令辯論賽的期限無限期延長。

都說同學之間能達到心有靈犀的地步，在始皇帝將是否停止攻韓之事暫且擱議之後，這句話在李斯和韓非身上得到了驗證，韓非內心焦急，秦軍攻韓的腳步沒有停下來，韓國百姓仍然在受難，而李斯更著急，想當年始皇帝對自己言聽計從，可自從韓非來了之後，始皇帝對自己好像沒那麼上心了，醋意難耐呀！

Q 偶像派還是實力派

在李斯以爲韓非受到始皇帝寵愛而醋意大發之時，另一個在始皇帝面前大紅大紫的人物出現了，此人名叫姚賈，他雖然不出名，但他爲秦國做出的貢獻卻絕不比李斯少，從前尉繚曾經給秦國制定了賄賂六國權臣的國策，在尉繚的暗箱操作下，姚賈成了這個政策的執行人，在他不顧廉恥的努力下，這一政策得到很好的推廣。

這是一個精彩紛呈的世界，有人靠武功留名，有人靠詩書傳世，而秦國姚賈憑著高超的行騙手段和挑撥離間的能力，在幾年時間裏向無數列國貴族行賄，擴大了秦國的影響力，對秦國功不可沒。姚賈功成名就後少不了加官進爵，還受到朝野上下的一致歡迎，但這些人中並不包括旅居秦國的訪問學者韓非。

世人皆讚姚賈之功，韓非卻逆流而動，向始皇帝進言彈劾姚賈，說雖然姚賈用世人不恥的手段達到目的，卻敗壞了秦國國際形象，姚賈本身就是一個出身卑賤的小人，曾經有偷雞摸狗的惡習，還因作風問題被趙國驅逐出境，如果此人得勢必定禍國殃民。可憐的韓非哪知得罪了小人的後果，就是招來殺身之禍。

在韓非的反對聲中，始皇帝對姚賈進行了質詢，姚賈作爲一名長期從事地下工作

的專業人士，自然心理素質超好，他處變不驚，反問始皇帝財寶賄賂各國權臣是不是受了王命？公款賄賂各國大臣的受益對象是不是秦國？既然都是，那麼他認爲自己不應該受到無端指責，最後他還以君子坦蕩蕩爲自己做了標注。

姚賈憑著自己三寸不爛之舌，不但撇清了自己的行賄問題，而且還利用具體事例告訴始皇帝，出身不好不是自己的錯，要懲罰只能懲罰自己早已死去的爹娘，而且他還自曝隱私，說自己在趙國時因作風問題曾被驅逐出境，這些問題都怪趙王無德，現在不犯這些錯誤，就是因爲受到始皇帝高尚情操感染所致。

世上事千穿萬穿馬屁不穿，姚賈當面告訴始皇帝是高尚青年，大拍馬屁，讓始皇帝非常受用，然後他又擺事實講道理，以姜太公、管仲、百里奚等人爲例，說明一個人的出身低賤和名聲不好並不妨礙效忠於明主，結果本來是批評姚賈的質詢會，變成了姚賈和始皇帝互相吹捧的拍馬會，結果可想而知，姚賈又獲封賞。

韓非本來想用向始皇帝彈劾的方式讓姚賈提前畢業，沒想到適得其反，姚賈反而得到始皇帝的賞賜，看來偶像派和實力派還是差距大大。

相對於韓非懊惱神傷，被韓非彈劾的姚賈也是心潮起伏不定，想起這個韓國來的結巴，氣就不打一處來，自己正在春風得意，卻讓他在背後擺了一道，這個梁子算是結定了。

姚賈是個道地的小人，但也是執著的小人，如果不把場子找回來，他絕不會甘心，於是他用小人的辦法尋找能夠擊敗韓非的時機。

敵人的敵人就是自己的朋友，抱著不扳倒韓非誓不甘休的目的，姚賈找到了對韓非一直羨慕嫉妒恨的李斯，爲了擴大自己的陣營，臭味相投的二人又把臭味充分釋放，糾集了一批反對韓非的和平人士，準備搞反韓非遊行示威，卻沒有得到始皇帝的授權，多次密謀之後，他們又想到了一個能置韓非於死地的招數。

週一早上，始皇帝正在朝堂點名簽到，韓非突然邁著輕快的步伐走到前臺，大聲說道：「我有話要說！」始皇帝當時頭都大了，就是他不說，人們都知道他要說什麼，從韓非進入秦國公務員行列之後，他每天數次的停止攻韓論調已成了保留話題。而且每次都遭到秦國朝臣責難，由於結巴，每次都無法辯論出結果。

韓非每次在公開場合宣傳停止攻韓的思想都會遭到無聊的大臣駁斥，但奇怪的是，從來聽不到李斯和姚賈的聲音，是李斯境界太高還是他贊同韓非的意見？都不是，他這是在憋著壞呢，李斯作爲人中狐狸，他深知言多必失的道理，果然在一天的早晨例會上，李斯和姚賈二人找到了韓非的破綻。

按照慣例，韓非正在例會上講解已經說過多次的攻趙存韓的道理，誰知一向打死不開口的姚賈站了出來，指責韓非一派胡語、妖言惑眾。並當場指出韓非宣傳的理念名義上是爲秦國著想，實際上存韓的目的是爲了弱秦，而且韓非自來秦之後一直提出不和諧論調，如果任由韓非信口胡謅，秦國危矣。

始皇帝聽到姚賈對韓非的指責，認爲姚賈言之有理，韓非名爲秦國理論外援，實爲韓國王室子孫，他的根在韓國，肯定事事都爲韓國著想，看看韓非連日來的行爲，讓朝野上下不得安寧，嚴重影響了行政秩序，因此始皇帝對韓非產生了深深的懷疑。

姚賈在始皇帝面前挑撥韓非的言論收到效果以後，李斯更是發揚痛打落水狗的風格，向始皇帝說姚賈作爲國際行賄大師，遊遍六國促進了各國之間的和諧與發展，得到了國際社會的一致贊同，因此他是個眼界開闊的君子，他的話應該很有見地，而韓非到處挑撥離間，讓秦國君臣煩惱不已，不宜久留。

韓非看到同窗好友李斯主動攻擊自己非常氣惱，準備和李斯辯論一番，誰知越氣，說話越是結巴，一直支支吾吾的讓人不知所云，姚賈聽到李斯的支持後更是一發不可收拾，撲通一聲跪倒在地，請求始皇帝爲了秦國的安定與和諧，爲了秦國的統一大業，殺掉韓非，韓非結巴得再也說不出一個字。

來到秦國後，韓非的命運一直掌握在始皇帝手中，始皇帝看到心腹李斯和姚賈今天一直在一唱一和攻擊韓非，從和呂不韋鬥爭的經驗分析，他們看似直抒胸意，爲大秦殫精竭力，其實還不是想排除異己、獨攬大權，看透不說透還是好朋友，始皇帝沒

有責怪李斯姚賈二人，他想的是如何擺平這場爭論。

始皇帝雖然年輕，但卻是在戰鬥中學習成長起來的，他用矛盾論的精髓來分析韓非和李斯之間的矛盾衝突。

始皇帝想迎合朝臣的意見除掉韓非，於是他運用自己的權謀之術指點李斯說，大家對韓非的指責都是猜疑，並沒有真憑實據，作爲君主，我怎麼能用莫須有的罪名去殺掉韓非呢？李斯和始皇帝相處多年，深通始皇帝辦案的潛規則，於是立即找個無所謂的罪名讓韓非下獄，然後通過各種手段審出了韓非的殺頭之罪。

韓非被李斯以莫須有之罪送進大牢後，最後經大秦監獄新聞發言人發表聲明，韓非畏罪服毒自殺，至於藥從何來，自殺經過都沒有詳細說明。等到始皇帝動了惻隱之心，下詔釋放韓非的時候，韓非已經是西乘黃鶴去了，空留始皇帝當場震驚卻暗自偷笑，當然也沒有治李斯司法腐敗之罪。

韓非作爲一代大家，做學問可能是無人能及，但說到做人，他可就有許多問題了，做人就是難得糊塗，眾人皆醉我獨醒，而韓非偏要在這紛紛擾擾的世界中看個清清楚楚明明白白，這是明智之人所做的不智之事。韓非若是忍辱負重，在韓國做個清閒的純粹文人或可混個自然死亡，但他卻選擇了一條最爲艱難之路。

有關韓非之死，後世有無數的韓非粉絲都在口誅筆伐李斯、姚賈、始皇帝道德淪

喪，這也是不爭的事實，但我們仔細想一想，韓非的青年早逝難道能單純的怪罪某幾個人嗎?從法律角度講，或許這幾個人都無法逃脫干係，但如果綜合考慮，韓非本人也對自己的死負有不可推卸的責任。

韓非曾經出版過一部《說難》，裏面論盡了遊說之難，現實中，他更清楚勸秦存韓的困難程度，他明知不可爲而爲之，勇氣可嘉，但真正聰明的人，選擇鬥爭的方式都是剛柔並濟、曲線救亡，然而韓非卻是一味剛猛、鋒芒畢露，才能太過難免會讓人恐懼，始皇帝之所以選擇拋棄韓非，可能也是緣於此故。

韓非死於小人之手，死不瞑目，但歷史老人告訴韓非：「親，別難過，因果循環、報應不爽。」秦國以法家思想治國，卻對法家思想只通皮毛，未得真髓，以致於胡亂效行，苛政於天下，最終畫虎不成反類犬，只傳了兩代就亡國。這或許就是歷史老人代替道義和歷史規律對秦國的懲罰。

Q 趙國戰神

好人不長壽，禍害活千年，韓非作爲一名理論大家和祖國的忠誠衛士，爲了保存韓國，他死在了秦國小人手中，可惜可悲可嘆可憐，不過始皇帝對待自己的偶像還是

比較厚道的，韓非活著時，看在他的面子上沒有真正攻韓，如今他雖已薄棺入土，出於對偶像的尊重和國家實際需要，仍然暫時沒動韓國。

秦國看在韓非的面子上暫時沒對韓國動武，但這不意味著他們就成了和平主義者，他們又把目光投向了一牆之隔的鄰居趙國，西元前二三二年，秦國再次發佈戰爭動員令，集全國之精銳兵力兵分南北兩路，一路從山西經太原攻取狼孟、番吾，另一路大軍渡漳水，攻取鄴城，對邯鄲形成合圍之勢。

戰爭對於被稱爲戰爭恐怖主義國家秦國來說是家常便飯，但由於事關國家命運前途，所以始皇帝每次都很重視，這次攻趙前，李斯、尉繚、始皇帝就組成了戰爭三人組，專業對此戰進行可行性分析，三人一致認爲自從桓齮兵敗之後，秦軍陷入了低潮，不僅士氣滑落，而且缺乏戰鬥的信心，應該用一次勝仗激勵秦軍士兵。

李牧率趙軍擊敗秦軍後，名聲就越來越響亮，一將功成萬骨枯，他哪裡知道秦國爲此承受的莫大痛苦，桓齮大敗後，始皇帝是夜不能寐，這是秦國的奇恥大辱，不雪此恨，秦國如何在江湖上立足?而且，一向爭強好勝的始皇帝認爲，應儘快找趙國決戰，雪失敗之恥，只有這樣才能找回自己「戰國一哥」的場子。

槍打出頭鳥，風吹秀木林。秦國攻趙，點名讓李牧出戰，可憐的李牧好不容易在邯鄲享了一年清福，現在又要披掛上陣，真是勞碌命，也難怪，一戰成名的他今時不同往日，誰讓他是趙國戰神呢？李牧率軍出城抗擊秦國侵略時，邯鄲城萬人空巷，城外更是人頭攢動，百姓們自發組織起來送別李牧。

在趙國人心中，李牧就是超級無敵戰士，更是一堵移動的長城，他不但可以阻止入侵、抵抗外辱，更能給趙國帶來無盡的尊嚴，破匈奴之戰、肥下之戰就是實例，因此老百姓把李牧當做能征善討、戰無不勝的門神貼在門口，還專爲李牧建造了原來只有死人才能享受的祠堂，爲李牧祈福，希望他能夠庇佑趙國人民。

既然老百姓都把自己當做祖先神明供奉，李牧還能說些什麼呢，啥都不說了，拼命打唄！

可是依靠名聲打贏戰爭是不現實的，很快李牧就收到前方部隊的情報，很簡單：趙國大敗。趙軍實力太弱了，實在沒有能力同時阻擋秦國的兩路大軍，父老的希望，殘酷的現實，讓李牧產生了想要和秦國豪賭一場的勇氣。

由於趙軍的實力問題，李牧決定冒一次風險，集中優勢兵力，孤注一擲，痛擊一路秦軍，力爭迅速取得勝利，然後再回師阻擊另一路秦軍，雖然這樣風險巨大，但若想勝利別無他法。李牧這場賭博，賭注可是趙國無數將士的性命和趙國的前途命運，作爲有血有肉的普通人，李牧承受的壓力可想而知。

面對秦國的單方挑釁行爲，趙國抗秦總指揮李牧在一番內心掙扎之後，決定首先

發兵番吾，擊破番吾秦軍後再回頭打擊第二路秦軍，因為番吾離邯鄲最近，趙軍可以迅速趕到，時間就是趙軍的性命，早與秦軍開戰，趙國就能多一分勝算，而且番吾地區多為山地，地形複雜。對於主場作戰的趙軍來說，勝利的把握比較大。

李牧是戰國一流的軍事人才，秦軍攻趙時設計南北夾攻的方案，就是為了讓趙國兵力分散，從而削弱趙國的集中作戰能力，但李牧不走尋常路，任你幾路來，我只一路去，粉碎了敵人的陰謀，打破了秦軍的計畫，當李牧的軍隊穿越般來到番吾之後，秦軍隊伍暫時慌亂起來。

秦軍看到趙軍開放式的抗秦戰略很不適應，不過很快，秦軍鎮定下來，因為他們自認為找到了趙軍的軟肋，趙軍數百里長途奔襲，在沒有休整的情況下，就讓先頭部隊直衝敵軍，還命令騎兵部隊從側翼展開攻擊。如果這也能稱之為戰術的話，這無疑就是自殺式戰術，與讓趙國士兵白白送死無異。

秦軍面對趙軍的非常規戰術，果然是自作聰明，本身秦軍就超級強悍，素來有輕敵的毛病，況且秦軍仗著強大的正面作戰能力，往往會放鬆對側翼和後方的防護，李牧看透了這一點，所以才趁秦軍沒有防備的情況下發動猛攻，寄希望於兩翼突擊的騎兵，這下秦軍再次成就了李牧，大敗而歸。

人們常說東方不亮西方亮，李牧這個趙國戰場神話卻遇到了東西方一起亮的狗

屎運，當他戰勝番吾秦軍乘勝回援鄴城的時候，竟然發現進攻這裏的秦軍不戰而潰，原來番吾的失敗讓秦軍嚇破了膽，他們已經失去了對抗李牧的勇氣，李牧再此被冠以「秦軍剋星」的美譽，他也成了戰國後期唯一一位剋秦明星。

在趙國面前接二連三的失敗讓始皇帝面子上掛不住了，向來秦國只有欺負小弟的份，哪有被人欺負的，在秦國的詞典裏從來沒有「忍氣吞聲」這四個字，可想而知緊隨其來的報復會如何波濤洶湧。始皇帝在宮殿內部對燈發誓，一定要舉全國之兵全力進攻趙國。

始皇帝在爲秦趙之戰失敗大發雷霆之時，趙王遷也一直愁眉苦臉，靠非法手段上臺的他何曾想過做趙王竟會如此艱難，儘管趙國再次取得了對秦作戰的勝利，全國一片歡騰，可明眼人都知道戰勝秦國會遭到秦國更猛烈的報復，而且兩次大勝給趙國增添了數十萬亡魂，燒錢的戰爭也讓自己的小金庫變得空空如也。

趙王遷在戰勝秦國後一直在心疼自己好不容易積攢起來的小金庫，直到心腹提起秦國戰敗肯定會大規模報復時，他才又意識到還有一場空前的危機即將來臨，心驚膽戰之餘，他又召集群臣，商議緩和秦趙矛盾的辦法，這時趙王遷聽到了大臣司馬空驚世駭俗的議案，他讓趙王向秦國割地賠款換和平。

自古戰敗國爲了息事寧人有割地賠款的先例，可戰勝國趙國大臣司馬空也提議向戰敗國秦國這樣做，真是奇詭之極，難道此人真是一個純粹的和平主義者？其實不然，司馬空真正的身分是呂不韋的原門客，更是姚賈的重點行賄對象，拿人錢財替人消災，正因爲這樣的出身，他才張口要送秦國一份大禮。

司馬空在趙國提出的向秦國割地賠款的提案得到了無數人的唾棄，趙王遷也斷然否決了這樣的提案，當然他不是怕背上賣國罪名，而是他實在沒這個魄力去做。雖然司門空一再強調只要秦國接收了趙國的土地，其他國家對秦國更會膽戰心驚，在人人自危的情況下，才能組織聯手抗秦，徹底挽救趙國。

雖然趙王遷不想靠割地向秦國示好，可有的是人願意抱秦國大腿，西元前二三一年，韓王安主動把韓國的南陽贈給了秦國，南陽自古產玉，而戰國時期玉石是權勢、地位、財富的象徵，佩帶玉器是當時的流行風，南陽因此成爲戰國最有油水的地方，此次韓國爲了國家安全無償轉讓南陽地塊，讓秦國感到韓國的忠誠。

韓王安是個有陰謀的君主，他表面上向秦國奉獻了南陽之地，其實此地歷來被秦、韓、楚三國瓜分，韓國控制一小部分，如今韓國主動放棄，一方面是表明堅決向秦國靠近的決心，另一方面要孤立楚國，增加秦楚之間的矛盾，緩解韓國生存壓力。沒想到魏國看到韓國這樣，也東施效顰，向秦國獻出了一塊地。

趙王遷看到這些國家紛紛向秦國獻媚取悅，不禁在邯鄲城長嘘短嘆，不過他不是爲這些國家的屈膝奴顏而嘆息，而是爲自己錯過了獻媚的先機而懊惱，本來割地是趙國大臣的主意，韓魏兩國在沒有事先聲明的情況下卻剽竊了趙國的智慧財產權，這讓趙王遷非常氣憤，沒想到獻媚還有搶生意的，看來趙國真是無藥可救了。

當李牧再次將秦軍打得丟盔棄甲的消息快馬加鞭傳到咸陽時，朝堂之下是熱火朝天的議論紛紛，可在朝堂上卻是一個個緘口不言，戰戰兢兢，頭都不敢抬。在大老闆面前討論國家戰略失敗，失城失地失錢，那絕不是明智的選擇。一不小心就會丟了飯碗，這年頭，找這樣一個高薪又舒適的工作，難呀！

世界之大無奇不有，就在秦國的大臣在恐懼中噤若寒蟬時，戰勝國趙國的大臣也每天生活在水深火熱的極度恐懼之中，他們在收到趙國大勝的消息之後就已經感覺到，秦國肯定不甘心這種接二連三的失敗，總有一天，秦國會大肆報復，到時不僅是官位不保，腦袋能不能保得住還是個未知數。

人們顯然錯誤地評估了始皇帝的心理承受能力，作爲一個整日以天下一統爲己任的不世英雄，他明白戰爭不是小孩扮家家酒，而是世界上最風險最大，也最殘酷的遊戲，一念之差，結果可能就會截然相反，贏了戰爭能賺個缽滿盆溢，輸了則會有無數人頭落地，所以始皇帝這個資深戰爭組織者，肯定不會因爲偶然的失利而喪失理智。

勝敗乃兵家常事，始皇帝沒有因爲和趙國兩次較量的失敗而喪失信心，相反的是屢次失敗反而激起了始皇帝心中的鬥志，他要讓趙國爲此戰付出亡國滅種的代價。一直橫掃六國的秦國接連在趙國面前吃了兩次大虧，秦國急需一場勝利來震懾六國，可拿誰開刀呢？趙國是最好的目標，打敗趙國最能振奮士氣，可是趙國新勝，士氣高漲，再加上還有陰魂不散的李牧主持軍委工作。正好這時遇到了韓王安這個倒楣蛋向秦國進獻南陽，始皇帝找到了窩囊廢，決定攻擊韓國。

秦國想靠一場勝仗提高百姓的凝聚力，但又不敢再和強國交手，怕再遇敗仗會威信掃地，引來六國圍攻。於是西元前二三一年九月，始皇帝以派遣南陽代理太守爲名，委派內史騰率軍前往南陽接收韓國進獻的領地。之所以讓他做代理太守，其實始皇帝這個任命已經充分暴露出滅韓的意圖，看來內史騰要想轉正，必須滅掉韓國才有可能。

在地球人中，最聰明的人莫過於政治家了，秦國內史騰接到了始皇帝模稜兩可的任命後，馬上明白了老大意圖，他來到南陽後，立即在南陽進行了以備戰爲目標的一系列積極舉措，征討民工重新築高城牆，進行轟轟烈烈的大生產運動，擴充軍備，做好攻韓的戰前準備，不是內史騰能力強，而是關乎到自己的仕途發展，他怎敢麻痹大意呀。

自作聰明的糊塗人早晚會爲自己的所謂聰明所害，韓安王一度因爲自己的獻地之策而沾沾自喜，認爲韓國雖然失掉了丁點利益，但從此可以高枕無憂，非常划算，可就在西元前二三〇年，韓王安聽到了一個足以讓他滿臉黑線的消息，秦國特使、代理南陽太守內史騰突然率兵南下黃河，目標直指韓國國境。

韓安王機關算盡，不但沒能圓夢，反而得到了最壞的結局，氣得口噴鮮血，可只要他不死，作爲韓國董事長，還得想辦法應對，誰知他還沒想出合理的辦法時，來勢洶洶的秦軍已經把迎戰匆忙的韓軍全軍覆沒，這場實力懸殊的對決導致的直接結果，就是在幾個月內，內史騰就攻破韓都大鄭城，韓王安被俘，韓國正式滅亡。

最難拔的釘子

韓國的滅亡讓韓國的親戚國趙、魏感到了生存的壓力，想當年韓國率領趙魏三晉破齊，那是多麼的光榮，周威烈王親自下詔冊封他們爲諸侯，這才百餘年光景，昔日風騷一時的韓國在地圖上徹底被抹掉了，取而代之的是秦國的潁川郡，當然韓王安也被政治流亡，立下大功的內史騰被封爲潁川正式郡守。

惺惺惜惺惺，韓國的失敗和韓王安的下場在六國君王的頭腦裏留下了極深的印

象，同時，他們也清醒的認識到滅亡韓國，其實就是始皇帝打響與各國決裂的信號彈，他要讓世人感受到秦國的軍事恐怖氣息，讓六國在這種恐怖的氛圍中徹底失去鬥爭意志，更是向六國傳達「順秦者亡，逆秦者亡」的可怕信號。

韓國有幸作爲戰國七雄中最早被秦國滅掉的國家，在韓國滅亡之後的短暫時間內，一向混亂的戰國突然間變得平靜起來，雖然沒有國家去認真聽取韓國百姓的訴求，但他們似乎感覺到了韓國的今日就是自己的明天，在其餘五國的眼裏，本來不可預知的天下統一突然清晰起來，而秦國就是那個索命的閻王。

亡國滅種的恐怖陰雲籠罩在列國頭頂，天公似乎也在用自己的方式證實眾人的猜測，這一年，衛國衛元君薨，而趙國又發生百年難遇的大旱，趙國國內顆粒無收，由於減災機制不健全，百姓因饑餓大面積死亡。一直想向趙國報仇雪恥的秦國再次攻趙，趙國危在旦夕。

趁著趙國發生嚴重的自然災害，始皇帝不失時機地派遣王翦率領秦軍再一次會師趙國，這位經歷過咸陽保衛戰，平定了嫪毐叛亂等等大場面的成熟軍事統帥，此次的目標就是向「李牧不敗」的神話挑戰，打敗李牧，徹底消除秦軍的「恐李牧症」，替始皇帝排解憂患，爲秦國的終極目標建立不朽的功勳。

這次火拼秦國是下了大決心的，舉全國之兵，不是他死就是自己亡。從戰略方針到實施細節都做了全面的部署，有目標、分工明確、能抓住對方的弱點，這種高端的管理政策想不勝利都難。

高手對決，勝負決於一念之差，作爲和李牧同時代的傑出軍事統帥，王翦知道這次和李牧的對決將是他人生中最華彩翩然的一戰，無論是樹立一座不朽的豐碑，還是魂歸墳塚，他都無怨無悔，戰國軍事愛好迷也都期待這場高水準的軍事對抗賽，然而此戰卻在歷史老人的導演下，戲劇般地結束了。

秦國攻趙的傳統作戰模式就是兵分兩路，這次王翦沒有吸取以往的經驗教訓，依然遵循傳統模式，南北對攻，北路大軍由王剪率領，出上黨，過井陉，翻太行以擊趙國，南路大軍由楊瑞和統領，驅河內之兵，渡漳水直插趙國腹地，他的作戰思想和以往相同，就是想讓趙軍在兩路夾攻下首尾不得兼顧。

按軍事實力進行換算，秦趙兩國的綜合國力相差不是一點半點，雖然趙國曾在秦趙之戰中占過幾次便宜，但那都不是真正的實力對抗結果，尤其這次趙國又遇到荒災，應該呈現趙國紛紛敗退的戰局才對，然而李牧卻依靠長城之險和秦軍玩起了「拖字訣」，讓秦軍陷入有勁使不出的苦惱境地。

據戰國軍事報的嘉賓分析，李牧同秦軍的對抗中，李牧據險而守的戰術應該是最先進、最有效的，如果一直據險而守，估計秦國也承擔不起那麼大的戰爭消耗，最終

會不戰而退，在秦軍撤退的過程中如果能再找準機會，秦國還有失敗的可能。可令人遺憾的是，李牧正在專心對抗秦軍過程中，趙國內部卻出了問題。

秦在統一六國進程中，從來迷信軍事對抗，就在戰士前線拼殺時，始皇帝在咸陽也沒有閒著，眼看秦軍強攻數月卻不得寸功，整日和一幫智囊聚在一起對頑固釘子戶李牧進行分析，甚至還聘請了骨灰級軍事專家尉繚商討破趙良策，可就這樣仍然沒有找到李牧的軟肋，這讓始皇帝非常頭疼，可見李牧的軍事才能多麼卓越。

危難思英雄，始皇帝對李牧無計可施之時，想起了老牌挑撥離間工作者范睢，他向眾人深情的回憶起了范睢在隱蔽工作中做出的卓越貢獻，想當年為了讓秦軍脫離攻趙不力的泥潭，他用流言蜚語迫使趙成王臨陣換帥，調走老將廉頗，招致趙國長平之敗，就在他深情回憶之際，兵法專家尉繚大吼一聲：「李牧可破矣！」

尉繚從范睢利用流言蜚語讓趙國換將的經典案例中，靈光一現，想到了一個對付李牧的好辦法——調走李牧，他的這一靈感讓眾人嗤之以鼻，如果採用行政命令的手段，只能幻想李牧精神有了毛病才有可能，在複製當年調走廉頗的計策上，趙國已經有了免疫能力，顯然不行，你以為李牧是你兒子，讓走就走。

尉繚在始皇帝面前，為秦國的軍事菜鳥上了一堂精彩的兵法講座，他告訴人們，在戰場上頭腦簡單的人、過分愛惜生命的人、容易衝動的人、重情重義的人和治軍嚴謹愛護百姓的人如果爲將，必然會給戰場帶來毀滅性的傷害，這些理論讓始皇帝感到十分迷惑，心想：你說這些內容，能給打敗李牧帶來什麼作用呢？

軍事專家尉繚在講完軍事課後，發現學生始皇帝領悟能力較差，又特別對他進行了講解。人無完人，李牧雖然是當世名將，但剛才講的這五種危險性格，李牧占了兩種，分別是過分愛護百姓和重情重義，這些人性弱點肯定會導致李牧出現旁人難以察覺的軟肋，只要找到他的軟肋，打敗李牧易如反掌。

尉繚運用兵法理論對李牧進行的分析，讓始皇帝感到很迷茫，任你把兵法講爛仍然是紙上談兵，解決不了實際問題，該打不過李牧仍然打不過，想把李牧調走，可沒有合適的陰謀詭計，挑撥離間已經用過，用美人計吧，據情報分析，李牧好像有點性冷感。尉繚面對始皇帝狡詐的一笑，對付李牧只需用小人計即可。

說起小人，我們就不得不提到骨灰級小人郭開，憶往昔就是他搬弄是非讓廉頗客死他鄉，這次尉繚又想利用一下他的小人品德致李牧於死地。

郭開憑著自己對小人事業的鑽研和實踐，成了國際小人界的名人，名氣之大，讓始皇帝都怦然心動，因此當尉繚提出利用郭開的特殊功能，派人攜重金登門拜訪，共商以小人之術除掉李牧的計策時，始皇帝立刻滿口答應，馬上下撥專項資金用於行動。

始皇帝派遣使者攜帶巨額支票和小人黨領袖郭開進行了聯繫，在郭開熱情的接風宴上，使者提出讓郭開給趙王遷吹吹風，李牧和司馬尚有謀反的跡象，不宜在前線領兵。巨額支票的回報和宇宙名人始皇帝的垂青讓郭開倍感榮幸，挑撥離間陷害忠良本就是他的專業，再加上他良好的職業道德，他馬上答應了要求。

爲了不讓秦國恥笑趙國的小人黨業務能力不強，郭開懷著強烈的國家榮譽感，秘密策劃對李牧下手，他向趙王遷彙報說，根據他自費成立的秘密調查公司得到情報：司馬尚擁兵自重，他們正跟秦國談判投降後的待遇問題，一旦近日談判成功肯定會率部謀反，希望大王能早作決斷，遏制危險在萌芽之中。

趙王遷本身智商就不高，由於他老媽出身歡場，文化素質不高，缺乏對兒子系統的知識與技能的教育，所以趙王遷從小是個軟耳朵的人，是非觀念不強，容易聽信讒言。這次郭開誣陷李牧二人，趙王遷根本不去調查真僞，本著「疑人不用」的原理，立即簽發命令解除李牧、司馬尚的軍權，即刻起押解回邯鄲受審。

在後廉頗時代，趙國之所以邊境穩固，秦軍之所以屢次敗於趙國之手，全靠李牧的苦苦支撐，李牧就像趙軍的一面旗幟，而現在旗幟將被郭開的小人風刮倒，李牧在收到趙王遷的逮捕令後，考慮到自己一旦離開，必然導致軍心不穩，就以「將在外軍

令有所不受」爲藉口，沒有理會趙王遷的命令。

有了上次與李牧的對決，秦國軍隊似乎有了「恐李牧症」，軍隊在前線推進的速度非常慢，但始皇帝並不著急，因爲在與趙國決戰的方針政策中，有一項是不可忽視的，那就是離間趙王跟帶刀侍衛李牧和司馬尚。腦袋被驢踢了的趙王輕信了秦人散佈的李牧、司馬尚企圖謀反的流言，派人替代李牧並意圖拿回兵權。

在始皇帝的計畫中，只要能把李牧調離前線就阿彌陀佛了，趙王遷的本意也只是希望李牧能乖乖回去解釋清楚，並沒有想殺掉李牧，這些顯然不是李牧這等粗人能夠考慮到的，他只考慮一定要堅持打完抗秦的最後一戰。他的忠心爲民正中郭開下懷，他也由嫌疑人的身分變成了犯罪分子，最終趙王遷借機槍斃了李牧。

西元前二二八年，隨著李牧的死，趙國邊防制度徹底癱瘓。人心散了，隊伍不好帶了。李牧的繼任者趙蔥此時徹底顯現出他的無能，其實他就是趙王遷的本家，並無將才。即便是才華出色，換了核心領導的隊伍也要有一段時間的磨合才行。更何況他僅僅是靠著趙王遷對他比較信任才上臺的呢。

職位意味著責任，職位越高責任越大，因此能力有限的人職位低下或許並不是壞事，果不其然，新任總司令趙蔥，真的很「蔥」，很快就被王翦陣前誅殺。秦軍如入無人之境，總司令王翦一路攻城掠地，直取東陽，所到之處都會建立臨時政權，儘快

的對當地的管理進行交接。

Q 史上最有名的殺手

西元前二二八年十月，王翦的軍隊與楊瑞和率領的南路方面軍勝利會師，兩兵合爲一處，一舉攻破趙國的「紫禁城」邯鄲，趙國就此滅亡，爲大秦公司的上市做了一塊大大的墊腳石。

在秦軍的大肆搶掠之下，國際性大都市邯鄲城內發生了很大的變化，唯一沒有變化的就是邯鄲城的八大胡同，絲竹管弦，聲色不歇。越是國難當頭，越有人尋花問柳，求歡買醉，只有流連教坊才能暫時忘卻痛苦。縱然青樓人來人往，不夜如舊，卻聽不到歡歌笑語，入耳都是淒涼的亡國之音。

有句詩說：「風蕭蕭兮易水寒，壯士一去兮不復還。」詩句講的是燕國太子丹的秘密武器——荆軻的故事，這是勇者的故事。逆流而上的荆軻，雖被洶湧的浪頭擊的粉碎，卻青史留名。估計荆軻也應該是中國暗殺史上第一人了，不管結局如何，當殺手能到這個層次，也死而無憾了。

西元前二三二年，燕太子丹抓住李牧大敗秦軍，始皇帝對他監管不嚴的機會，逃

脫生天。帶著佈滿創傷的心靈，拖著殘破不堪的身軀回歸燕國。從此他立下重誓：此仇不報，永不爲人。一開始想起報仇的時候，燕太子丹尚且知道「君子報仇，十年不晚」的道理，但是拖著拖著，心理藏不住的他就忍不住了。

燕國屢受秦國欺負，可能有些人都習慣了，但燕國太子丹卻習慣不了，他決定報仇，可當拿著自己的地圖看了看，又拿著秦國的地圖看了看，便灰心起來。如果硬打，無疑是拿著雞蛋碰石頭。硬拼不行，只有智取。苦思冥想之後，他琢磨出刺殺始皇帝的主意。正是這個臭點子，導致了他職業生涯的提前退休。

明眼人都看出燕太子丹的想法有多幼稚，只能用漏洞百出來形容。正常的始皇帝英明神武、處事老練、禮賢下士、重用人才，不僅秦國百姓擁戴，秦軍將士也都對他敬服。這也是爲什麼物轉星移，幾度春秋，始皇帝能夠歷經宮廷變故而始終穩坐王位，不動如山的原因。想讓秦國生亂？只會給四國招致更大的兵患。

看到幼稚的燕太子丹一步步走向深淵，抱著懲前毖後治病救人的思想，燕國的重要責任人之一鞠武，不得不對燕太子丹的完美計畫給予打擊，首先，他利用中外歷史典故告訴太子丹，這麼做是行不通的，太子丹不理；他又運用哲學思想中的理論告訴他，刺殺失敗之日即是燕滅亡之時，太子丹仍舊不理。

燕國謀士鞠武阻止太子丹刺秦王講理不行，就問了太子丹四個問題：刺殺上朝，

肯定要經過複雜的安檢，兇器如何攜帶？刺殺需要貼身，秦國朝堂，百官羅列，文武俱全，如何靠近秦王？倘若刺客得手，秦王答應而大臣又拒不履約，燕國怎麼辦？秦王死不應允，刺客痛下殺手，秦國必然會興兵報復于燕，燕國如何避禍？

燕國太子丹是個遇事考慮很簡單的王二代，就連他的「行刺秦王計畫」也都是在瞬間形成的，所以當老師兼謀士鞠武分析了行刺的可能性，向他提出一連串的問題時，太子丹頭當時就有點大了，沒想到殺人還有這麼多的事，考慮到自己的行動計畫的確有失水準，便向他的恩師鞠武問道有何良策。

聽到腦袋不太好使的學生太子丹向自己問如何刺殺秦王，感覺責任重大的鞠武嚴肅地說道：應該西與魏，東與齊，南與楚聯合，哥幾個搞好關係共同抗秦。再北上跟匈奴講和，引進強有力的外援，四海同心、其利斷金。

聽到恩師鞠武的四處聯合、廣招外援的破秦計畫，燕太子丹雖未否定，但是考慮到這樣一來，報仇計畫週期過長，搞不好在自己的有生之年都看不到了，所以性子急躁的他便委婉的否決了鞠武的提議，如果依照你的那個方法去操作，估計等可行了，黃花菜又開花了，還是堅持自己的拼一拼運氣刺殺秦王的想法比較科學。

對秦國的暴力來講，什麼陰毒的技能都能使出來，所謂以其人之道還至其人之身，既然秦國如此不仁，就別怪燕國不義了，於是鞠武思考過後，無恥地向太子丹提出：乾脆把樊于期的腦袋砍掉，打包用國內最快、使命必達的聯X快遞郵寄給始皇帝，希望秦王能看在太子丹立功的面子上放燕國一條生路。

本來太子丹早就厭煩了老師鞠武喋喋不休的推斷和討論，只有這番話說到了他的心坎裏，他猛地一拍腦門，稱讚起鞠老師來：

「薑還是老的辣，真有你的，我怎麼就沒有想到用樊于期的腦袋取信於嬴政呢？這下刺客可以近身了。」

聽到太子丹準備利用樊于期的腦袋讓刺客接近秦王，一腔熱血的鞠武心裏頓時涼到谷底，自己說了半天都是嘴上抹石灰——白說，看來燕太子丹是準備把刺殺行動一條道走到黑了，既然如此，爲師的也沒什麼好說的了，目前唯一能做的，就是幫助自己這個學生完善刺殺計畫。

鞠武看阻止學生太子丹刺殺秦王已無可能，只得幫助他分析完善刺秦事宜。可對老師的意見，太子丹根本置之不理，事已至此，再有耐心的人也扛不住這樣的打擊。鞠武只好抽身而退，化一腔熱血爲沉默，只能仰天長嘆：生不逢時啊！跟著燕太子丹這樣的主子，白瞎了他這個人才，由得燕國自生自滅吧。

就在鞠武已經對燕國失去信心的同時，太子丹嘴裏卻念叨著：天行健，君子以自強不息。他承認刺殺是有困難，但事在人爲，事實證明，只要肯下功夫，沒有幹不成

的事情。剛剛想出用桓齮腦袋接近始皇帝的辦法就是最好的證明，萬事俱備，只欠東風，現在唯一欠缺的，就是高水準的殺手。而這個殺手，便是荊軻。

燕國地處北地，臨近邊荒。屬於名副其實「多方不管」地區，由於地理位置的特殊，再加上燕國國土面積狹小，人口稀少，根本無法和其他大國抗衡，所以燕國一直保持中立，沒有簽訂任何引渡條款，向來是各國通緝要犯匿身的不二之選，久而久之，這裏成了窮兇極惡之徒的集散地。

壞人多的地方也有好處，是江湖就有規矩，他們信奉能力至上的原則，拿拳頭說話，誰打得贏，就可以制定規則。薊城地下勢力最大的就是田光，不折不扣的黑社會老大。田光此人出身未知，來歷不詳，不過為人仗義，交友龐雜，市井裏摸爬滾打幾十年，倒也混出一片天地。

在趙國滅亡的過程中，由於順路，事實上，秦軍已經打到燕國家門口，秦軍一向有著吞併燕國的野心，再加上在趙國殺紅了眼，他們肯定不會落下這塊肥肉的。狼子野心，路人皆知。燕國上下誠惶誠恐，無計可施的燕太子丹最終只能孤注一擲選擇暗殺秦王。暗殺有多大的風險，或許只有那個殺手才能明白。

形勢逼人，燕太子丹執著的認為燕國要想免除滅亡之災，還是「刺殺秦王計畫」比較靠譜，經過無數次的思考，深知暗殺風險與後果的燕太子丹找到了刺殺的要害，他必須找到一個殺手去執行，首先去找了老勇士田光。

這老頭遠沒有廉頗那麼有抱負，看著燕太子丹的到訪，心想：無事獻殷勤，果然非奸即盜。

田光好歹是從大風大浪裏走過來的，怎會那麼容易在小河溝裏翻船，他委婉地拒絕燕太子丹：

「草民承蒙太子殿下錯愛爲大燕效力，田某責之所在，義不容辭。可是名貴的千里馬盛年能一日驅馳千里，到老，連普通的馬也可以輕易超越牠。少盛老衰是不可違背的自然規律，田光老矣，除了吃喝拉撒，幹不成什麼大事了。」

太子丹也覺得讓田光去刺秦確實不合適，由於他心狠手辣、寡廉鮮恥，在戰國惡名遠播，而且是各國海關黑名單上的人物，出境都未必能拿到簽證，何況去刺殺？田光的話讓燕太子丹垂頭喪氣，出言詢問：「千金易得，良將難求，燕國之大，竟沒有可用之人，難道就只能這麼眼睜睜看著祖國完蛋？」

明知此次刺殺行動風險異常，多半是有去無回，不知田光出於何種目的，毅然決然地將荆軻介紹給了太子丹，他告訴太子丹荆軻此人，武功高強，嫉惡如仇，頗有戰國第一俠客之風範，而且由於荆軻吃喝嫖賭抽樣樣俱全，已經欠了一屁股外債，正發愁如何應對高利貸的逼迫，田光許諾，如果時機成熟可以親自勸說荆軻。

田光向燕太子丹推薦荊軻的時候，這位中國歷史上最有人氣的刺客，正和他的狐朋狗友高漸離、狗屠歡聚在薊都某酒樓醉酒當歌。當時音樂家高漸離長髮飄逸，焚酒擊築。狗屠隨著節拍搖頭晃腦，一副陶醉的樣子。荊軻已經喝醉，酒到酣處就無所顧忌，不知道他爲什麼事傷心，竟然旁若無人的嚎啕大哭起來。

荊軻可以稱得上是沒落貴族的後代，從小廣讀詩書，終於學有大成。眼看由一個少年漸漸被時間這把殺豬刀殺成青年、壯年，就在他將欲報國、建功立業之時，才發現百無一用是書生，根本得不到當權者的重用。

由於不足爲外人道出的特殊原因，荊軻順應潮流來到燕國都城薊都，在薊都結識了生平摯友高漸離，受這個街頭藝術家的影響，他定居在燕國，過著忘情於酒歌的生活。半生複雜的經歷，讓荊軻變的情感豐富，富有音樂家的質感，所以會聞擊築而痛哭失聲，他是在藉以抒懷啊。

荊軻是外籍人士，剛到燕國的時候他仍然是求職無門，窮困潦倒，承蒙田光看得起，經常度資接濟他生活，還熱心的幫助荊軻聯繫刺殺的工作。荊軻是在田光的關照下才在燕國站穩腳跟，田光是他的恩人。刨除這層關係，田光義字當頭的作風也讓荊軻敬服，在燕國，他只買田光的賬。

自從燕太子丹動了暗殺秦王的念頭，尋找人選的時候，性格仗義的荊軻與太子丹

一見如故，加之太子丹的以禮相待，士爲知己者死，荊軻在多次拒絕太子丹後，突然在某一天腦袋被驢踢了一下，接下了這個萬分危險的大單子。

荊軻要作爲使臣代表燕國出使秦國，趁機劫持秦王，這第一步就已經算是很搞笑的了；接下來還要迫使秦王歸還侵佔的土地，假如第一步成功了，這條件倒不是很苛刻；若秦王不答應，就將其刺死，然後趁秦國內亂聯合諸侯一起攻秦。整個計畫中並未有能讓荊軻全身而退的方案，但是荊軻還是答應了太子丹的要求。

做殺手的，一般都很深沉，荊軻也不例外，好在他善於擊劍，總算有一技之長。爲了增加自己暗殺的成功率，他向太子丹建議：先幫秦王抓獲他正在通緝的樊于期，獲取秦王的信任，並拿些無關緊要的小地方地圖賄賂秦王，然後獲取刺殺秦王的機會。並沒有其他好方案的燕太子丹也同意了荊軻的辦法。

說荊軻爲人深沉，那絕對不是吹牛的。他看出燕太子丹不忍對樊于期下手，就私下去找樊于期，曉之以情，動之以理，展現了忽悠的最高境界，最終激起了樊于期對秦國、對秦王的憤怒，爲了配合燕國頭號機密檔案「荊軻刺秦計畫」，樊于期竟願意獻出自己的頭顱，爲了兌現自己的諾言，樊于期遂拔劍自刎。

工欲善其事必先利其器，小老百姓殺頭豬還要準備一把鋒利的殺豬刀，何況是刺殺當時最拉風的君王始皇帝呢，不管結果是好是壞，傢伙是一定要好用。在工具的選

用上有許多難題，用劍是荊軻的拿手好戲，可劍尺寸太大，好像不太合適用來刺殺，荊軻最後認爲，如果能有一把鋒利的匕首是最好不過的。

太子丹爲了增加荊軻刺殺時的保險指數，特意準備了一把鋒利的匕首，浸泡毒藥並加以淬火，經過高新技術加工過的匕首，威力是可想而知的。匕首被藏在準備獻出的督亢地圖裏，爲了增加荊軻刺秦的成功率，太子丹又爲荊軻找到了一個叫秦舞陽的副手，二人信心滿滿地準備完成「圖窮匕首見」故事。

荊軻刺秦出發的那一天，前來相送的不僅僅有太子丹和他的門客，而且還有荊軻的好友、燕國最著名的音樂家高漸離，他來到了易水邊，擊筑高歌，像是最後的送別：「風蕭蕭兮易水寒，壯士一去兮不復還！」歌聲悲壯，在易水上空飄蕩，荊軻唱罷，帶著秦舞陽跳上車子，發動引擎，揚長西去。

作爲秦國的君王，向來都是搞陰謀詭計的行家高手，越瞭解內幕膽子越小，因此秦國董事長嬴政疑心很重，不輕易見客，不過，這次他聽說燕國派使者送來樊于期的頭和燕國督亢的地圖，滿心歡喜，當即決定爲荊軻和秦舞陽辦一場最高級別的接待商務宴，地點還特意選在了五星級皇家大酒店咸陽宮。

讓我們將畫面切換到事發當天，得到秦王召見後，在一番嚴密的安全檢查之後，荊軻和秦舞陽每人捧著一個精緻的盒子雄赳赳、氣昂昂，一前一後走進了咸陽宮。在他們手中，樊于期的頭顱在前，割地地圖在後，他們抱著必死的決心要用這顆人頭和大片肥沃土地爲餌要了秦王的性命，他們果然沒能活著出來。

到底是副手，秦舞陽心理素質確實不夠硬。剛走進宮殿的大門，秦舞陽便臉色發白、渾身發抖。首席殺手荊軻發現後，馬上開始了對秦王及大臣的忽悠：「小地方人，沒見過世面，更沒見過龍威，所以有些害怕，請大王見諒。」一直想著割地地圖的秦王得意忘形，對荊軻的忽悠並沒有多想。

面見秦王後，首先主持人宣布由燕國使者進獻樊于期的人頭，接下來主持人又宣布，荊軻獻地圖的時間到了，秦王拿著地圖一邊看，一邊將地圖展開。突然，圖窮匕首見，一把寒光閃閃的匕首出現在圖卷裏。趁秦王一愣神的機會，荊軻迅速的拿起匕首抓住秦王的衣袖向秦王刺去，眼看刺殺行動就要得手。

就在荊軻對著秦王奮力一刺時，說時遲，那時快，只見秦王從座位上一躍而起，用力掙斷衣袖，斷了衣袖的秦王慌忙的想拔出佩劍，無奈劍太長，慌亂之中一時難以拔出，只得繞著柱子逃跑。

荊軻在秦國大殿搞起了貓刺老鼠的表演，讓站在下面的大臣著實過了一把觀看情境劇的癮。

秦國朝廷上的官員多是文官，少有的武將也不允許佩劍進入，只得坐在地下拍著自己的大腿乾著急，有些機靈的還知道拿起手邊的杯子、碗朝荊軻砸去，連秦王隨從醫官夏無且都拿起藥袋，朝荊軻擊去。

秦王看到荊軻精神好像不太正常，於是拼命逃跑，而身後的荊軻拿著鋒利的匕首窮追不捨，秦王嬴政也只慌著逃跑忘記了思考對策。忽然有人提醒他：將佩劍放在背上拔。一語驚醒夢中人，秦王照著這話拔出了寶劍，拿著傢伙的嬴政也相當勇猛，揮劍便砍斷了荊軻的左腿，充分的展現了皇家佩劍的品質。

要說還是荊軻的敬業精神值得學習，就在他中劍倒在地上的一剎那，他還孤注一擲將匕首對著秦王投去，不過運氣不佳，沒能命中目標。遍體鱗傷倚在柱子上的荊軻知道事情已經失敗，最後竟然笑了起來，不管怎樣都要保留一個職業殺手的顏面：「事情之所以不成，是想要活捉你……」

在中國歷史上，荊軻刺秦的故事雖然是真實的，但在所有人看來，活脫脫是一場由幾個智力不太正常的人一起導演的一場鬧劇。即使荊軻成功，然而歷史大潮浩浩湯湯，肯定不會因爲荊軻刺殺掉秦王就阻擋了燕國的滅亡。但是，許多人還是對這段歷史津津樂道，因爲人們從中看到了忠誠和勇氣。

人怕出名國怕肥

西元前二二七年，秦國一統天下的局勢一如大江東流一般勢不可擋。荊軻刺秦王之後，秦軍立即揮師東去，一年內拿下了燕國總部薊，燕王喜與太子丹逃往遼東郡。決心揪出主謀太子丹的秦軍窮追不捨，騎兵連長李信率數千騎兵追至衍水。從小在易水邊長大、深熟水性的太子丹口含稻草秆，潛伏於水中才倖免於難。

沒看到太子丹人頭的秦王嬴政還是沒有解氣，下令必須活要見人，死要見屍。消息傳到燕王喜那裏。虎毒不食子，但人爲了活命，可是什麼事都能做出來，經過權衡利害關係後，燕王喜忍痛割愛將太子丹殺掉，並將其首級獻給秦國，想以此討好占盡天時地利的秦王嬴政，爭取寬限幾天等名下資產轉移之後，再申請破產。

燕太子丹爲了國家和民族策劃了「荊軻刺秦計畫」，最後雖然沒有成功，卻憑著對國家的忠誠名垂千古，至今仍爲人們津津樂道，而他老爸燕王喜雖爲國君，卻貪生怕死，親手殺掉太子丹向秦國獻媚，但僅僅是暫時延緩了燕國的滅亡，因爲秦國已經不屑於攻打燕國了，他們又把目光轉向了富饒的楚國。

楚國當時所處的地理位置極佳，地處南方，疆域遼闊，山林茂密，物產豐富，號

稱有百萬人口，儼然一個人口大省。「人怕出名豬怕壯」，在楚國歷代君主的不懈侵略之下，楚國在中華民族地圖上佔有越來越大的地盤，可大有大的難處，國家實力逐漸強大的楚國自然而然的成了眾矢之的，秦國當然也不會容它，一心想找個機會對其打擊，即使不能斬草除根，最起碼也要重挫楚國，以達到限制其發展的目的。

雖然楚國生產搞得不錯，但對於道德教育這一塊的投入實在太少，政治道德教化較爲薄弱導致楚國內政不振，宗室貴族爭權奪利，管理十分混亂。西元前二二八年，楚幽王還沒來得及寫下詳細遺囑的時候就撒手人寰，公司管理高層爲各個部門的利益發生內訌，短時間內竟換了哀王、負芻兩位帶頭大哥。

不知從哪裡得到的消息，秦國領導層發現了楚國管理混亂的這一大弊病，遂當機立斷南下攻楚，很快就砸了楚國很多場子。

西元前二二四年，秦國與楚國決戰在即，可由於始皇帝很重視這次戰爭，攻打楚國的總司令一直還沒定下來，最後始皇帝也走了公開選拔、公開應聘的路子，各個驍勇善戰的年輕將領都踴躍報名，老將也不甘落後。青年將領中的代表最出色的莫過於李信了，而老將代表王翦也經過一輪輪的選舉，挺到了最後。

秦楚大戰正式開始了，沒有剪綵，沒有慶祝，只有不絕的戰鼓聲，只有血流成河。秦國總司令、年輕一代的翹楚李信剛開始果真不負眾望，連打了幾次勝仗。當

然，在滅門之危面前，楚軍也並不氣餒，從上到下都拿出了玩命的心態，項燕尾追秦軍三天三夜，最終奇襲成功，直接對秦軍的士氣進行了秒殺。秦軍大敗。

想到當初王翦在面試時提出的非六十萬大軍不能徹底滅楚的論調，始皇帝感覺到老傢伙的經驗還是非常寶貴的，戰敗後的秦國董事長嬴政痛定思痛，特地趕到了王翦的故鄉頻陽（今陝西富平東北），放下了架子，親自邀請王翦出山。一向謹慎的老將王翦還是堅持自己的非六十萬兵力不可的觀點，獲得嬴政的應允後終於答應出山，可謂寶刀未老。

一年多以來，在總司令王翦「先適應，再圖戰」的指引方針下，已經對楚國的情況基本適應，加之生活水準也高，各個紅光滿面、士氣高昂、體力充沛。兩軍對壘，此消彼長，被調來抗擊秦軍的楚國部隊，由於長期沒有遇到他們想像中的大戰，鬥志漸漸鬆懈，加上糧草不足，準備東歸。

對秦軍無計可施正準備打道回府的楚軍剛一轉身，就聽到了屁股後的戰鼓聲，回馬槍這種高端技術又不是人人都有的，士氣大振的秦軍一舉打垮了楚軍的主力，並長驅直入，挺進內地，殺掉了楚國方面總司令項燕。西元前二二三年，楚國司令部壽春被占，董事長負芻被擒，楚國滅亡。又一部神話成爲了歷史。

秦王嬴政看秦楚之戰已沒有任何懸念，就開始不甘寂寞地又加派出自己家的最後

家底，任命王賁爲大將軍率軍圍攻魏都大梁（今河南開封）。

魏國首都開封這個地方，雖然被很多國家看好，歷史上多國曾在此建都，但從現在的眼光看，這兒地理位置是很不好的，臨近黃河不說，歷史還時不時的給它開玩笑，洪水淹了又淹，交通也十分不便。由於交通不便的原因，向外求救是不太可能的。魏國的上層有先見之明，近幾年投入了大量人力物力修建城防，爲了保證工程品質，魏王往往是親自兼任包工頭，因此雖是土築，卻是異常堅固。

面對開封堅固的城牆，秦軍強攻不下，熟讀兵法的年輕將領王賁忽生一妙計——水攻。城牆固然堅固，但畢竟還是土堆砌出來的，不像現在到處都是混凝土，經過水泡必然坍塌。而開封素有「北方水城」的美譽，施行水攻非常方便，果然，僅僅三個月，從黃河鴻溝引來的水便毀掉了大梁的城牆壁壘，魏國只得投降。

西元前二二二年，確定要斬草除根的嬴政有天翻看自己的「黑名單」，突然看見了還有那麼幾個人名字上還沒有畫上，其中能引起他的注意的就是燕王喜，於是便下令讓他的殺手隊伍去執行對這部分人的掃蕩任務。還是王賁帶領著越野車隊到處搜尋燕國在遼東的殘餘勢力，最終逃無可逃的燕王喜被俘獲，燕國徹底滅亡。

滅了魏、燕之後，東衝西突、所向披靡的王賁並沒有停下他組織的掃尾工程，接著他又帶兵打到了代郡（今河北尉縣）。當年秦軍攻陷邯鄲，趙王遷投降，但公子嘉

卻帶著一夥人逃到那裏，跑到一個小縣城內自立爲王，結果秦軍未大動干戈就將代王嘉俘虜。這也標誌著，秦國完全統一了北方。

西元前二二三年，在秦楚打仗中，通過雙方隊員不懈的努力，最終秦國以一比零的絕對優勢一舉橫掃了楚國，楚國這個戰國赫赫有名的大國徹底滅亡。始皇帝眼看著統一就在眼前，六國統一之勢已成定局，行動便更加肆無忌憚，接著以絕對優勢降服了越君，設置會稽郡。長江流域也併入秦國的版圖。

西元前二二一年的一天，時刻被勝利的消息包圍著的秦王嬴政，拿著「世界」地圖，看了足足一個時辰，地圖上滿眼望去，除去一個地方，其他都是秦國國旗覆蓋之處，無論有什麼樣的艱難險阻，也阻擋不了我一統六國的決心，於是他下定決心，命令王賁再度任總司令，攻打東方六大諸侯國的最後一個：齊。

從春秋到戰國中期，齊國一直是山東諸國中比較強大的一個，也是列國中唯一一個讓秦國忌憚的國家，有記載稱：「齊國國土面積達方圓兩千餘里，國內有精兵強將數十萬，糧食堆積如山丘。」可見其經濟發達、軍事強盛。爲了統一大業，始皇帝決心舉全國之力殺掉這隻最後的「壯豬」。

話說每一段輝煌的歷史都會有一段艱苦的奮鬥歲月，西元前二八四年，當時親政的齊王不小心在新聞發佈會上說錯了一句話，惹惱了燕、趙、韓、魏、秦五國，導致

五國伐齊，燕將樂毅也因此揚名，差點滅了齊國，齊國國都臨淄城中的寶物重器都被搶的搶、砸的砸，很多歷史精品文物都遭到損壞，齊國從此走向衰亡。

瘦死的駱駝比馬大，齊國雖然在戰國後期呈現衰弱之勢，影響力下降得厲害，但要說齊國沒有能夠獨當一面的風流人物，那是很不科學滴，有道是自古多豪傑而少巾幗，齊國不但有人才，而且這位能夠力挽狂瀾的英雄恰恰還是一位巾幗英雄。西元前二六五年，齊襄王去世，他的老婆齊君王后扶助兒子齊王建執政。

齊襄王的老婆有著卓越的政治才能，行事相當幹練，作風潑辣。幼年的齊王建還不能有什麼大的作爲，家中大小事都由母親做主，她一方面小心的與秦國周旋，另一方面又不畏懼強秦的威脅，儼然一位出色的外交家。雖然那個時候沒有電話，還是可以通過很多方式交流，鬥智鬥勇。

據說當年秦昭王曾派專使給齊國送來一個玉連環，考一考齊王能否解開，順便想羞辱一番。

秦昭襄王想用一隻玉連環考倒齊王，借機羞辱齊國，齊王自己沒看懂，就召集手下共同思考，誰知齊王手裏果真無人，想來想去不得其解。這時，齊君王后拿出一把鐵錘，「砰」地一聲將這只玉連環擊個粉碎。然後向秦國說了句：sorry，this is the only way。秦王也只好吃了個啞巴虧。

秦昭王偷雞不成蝕把米，沒有達到羞辱齊王的目的，反而連玉連環都被摔得粉碎，得知事情的經過，清楚的認識到齊國還是有人才的，便不敢爲所欲爲，不甘寂寞的他，只能把矛頭對準了三晉和燕楚，齊國也因此四十年沒有遭遇戰爭，給自己的休養生息帶來了充足的時間。

西元前二四九年（齊王建十六年），君王后逝世，後勝任宰相。情報部、特工組工作情況一直不弱的秦國又打探到後勝的弱點，向他饋贈大量的黃金玉器，後勝就派出大批的賓客入秦學習各種間諜技能，然後回到齊國充當內應。學成歸去的間諜們，積極製造親秦言論，齊國內政、人心一片混亂。

通過去秦國深造回來的間諜們對全國上下的洗腦，加之傳銷的手段，齊國上下軍民都受到了秦國間諜們傳銷活動的影響，思想被同化的相當徹底。瞅準機會的秦王派王賁南下伐齊，長驅直入，所到之處幾乎沒遇到什麼抵抗。看到秦軍攻破臨淄，齊王建與後勝馬上向秦投降，齊國滅亡。

＊微歷史大事記＊

西元前二三三年　韓非來到秦國
西元前二三三年　韓非被逼自殺
西元前二三二年　秦國再次攻趙失利
西元前二三〇年　韓國滅亡，始皇帝吹響統一六國號角
西元前二二九年　李牧被殺，趙國力量逐漸衰弱
西元前二二七年　荊軻刺殺嬴政失敗，燕王喜逃往遼東
西元前二二八年十月　趙國滅亡
西元前二二五年，魏國滅亡
西元前二二三年　楚國滅亡
西元前二二二年　燕王喜被俘，燕國滅亡
西元前二二一年　楚國滅亡
西元前二二一年　嬴政統一六國，稱秦始皇

第五章

秦國建設篇

實現帝國夢想

四海之內皆一家

《荀子・王霸》講：「天下歸之之謂王。」意思是說，誰能做到天下歸心，誰能完成統一的「王」業，就能爲王。西元前二二一年，秦國平定六國，不管歸沒歸心，反正歸一是歸了。秦王嬴政成爲天下之王，名義上完成了天下一統，而嬴政也成爲了真正的王者，但包括始皇帝在內的很多人都清楚，統一和天下歸心還有著相當的距離。

在東方國家看來，秦軍跨過自己的國境大肆攻伐殺戮，通過非常規手段得到了天下是很不道德的，實質上並沒有達到天下歸心的那種程度。由於公司地盤太大，各個分公司相隔太遠，各部門員工來自不同民族，方言迥異，管理起來特別麻煩，作爲第一個上市的大公司，怎麼樣能管理好？

始皇帝以前也就是一個分公司經理，然而六國一統後，始皇帝一躍成爲公司總經理，那麼如何管理這麼大一個盤子，成了擺在始皇帝面前的重要問題，既然是管理，就要有高度，既然是管理，各方面都要顧及到。特別是對於一個國家而言，交通、貿易、語言、習俗、制度以及民族等的發展，都是需要考慮的因素。

靠武力征服的統一是不牢靠的，要想讓列國真正融合在一起，必須有強大的綜合國力做後盾，怎麼運用綜合實力實現融合？要想富、先修路，這似乎是亙古不變的的道理。因此，初次走到大團圓的秦國，首先考慮到的就是必須連結中原與東西南北四方交通的貿易網。有貿易才能有利益，才能有人民生存的平臺。

在秦國一統天下之前，早在戰國時期就形成過交通貿易一體化的趨勢。荀子在自己的新書裏曾經描述過這樣的情況，說是四海之內若一家，中原人能吃到南方的特產，南方人也能買到北方生長的犬馬牲畜，把自己老家出產的羽毛、齒革、丹青等銷往其他各方，各個民族如同一家，其樂融融。

戰國時期之所以形成這麼好的貿易網路，與各個大國的貢獻是分不開的。雖然各方面黑道大哥在地盤上掐的厲害，但是民生還是很自由的，並沒有限制人民的行動範圍，也沒有護照、簽證之說，出門沒必要帶身分證，住店也沒人來查戶口。出行的便利給各國人民往來交流提供了一個很好的平臺。

那個時候的小攤小販是幸福的，有什麼東西就可以拿到街道上去賣，起得早就能占到好的攤位，不用交房租，也從來沒有城管，那個時候的道路雖然不夠寬闊，但一點也不堵。自己老家消化不了的商品，他們可以拿到大城市去賣，於是在一些交通要地就慢慢的形成了商業集散點構成的貿易網。

戰國時期，東南西北中四面八方的聯繫和交往已經相當頻繁，各地物資彼此得到交流，商人們在交通線上往來不絕，從前那種各地區間很閉塞的局面已被打破，長時間的貿易交流使各族人民的文化交流特別密切，一時之間竟形成了人心民生大一統的趨勢，從而爲秦統一六國後的統一管理奠定了感情基礎。

經過春秋戰國、秦、漢，華夏族與兄弟民族不斷融合，逐漸形成了今天中華民族的主體——漢族。由於長時間的貿易來往，各地的土產齊聚於市，長時間的砍價還價使各族人民方言慢慢的統一起來。

經過春秋戰國時期民族間和列國間的戰爭與交往，我們看到：燕國勢力擴展到遼河流域，有力促進了東胡族與華夏的交融；齊國爲了國家發展需要，掃滅了境內的少數民族；秦國不僅由原先「雜戎、狄之俗」逐漸實現了「華夏化」，還收復渭水流域的很多地區，又兼併巴蜀，擴大了華夏族的範圍。

天下大勢分久必合合久必分，在經歷了統一、分化、再統一的各族人民，差異漸趨縮小，乃至消失。只要能給提供好的生存環境，至於政治的更迭，對自己的生活、待遇沒有決策權的老百姓們也不會去想那麼多，本本分分做人、踏踏實實做事似乎是他們唯一的追求，民風民情也都相當的淳樸。

從春秋到戰國，華夏族對周邊少數民族的政策，經歷了一個由「尊王攘夷」到

「以夏變夷」的變化。春秋時，各領導集團便深知喊口號的重要性，更是旗幟鮮明地宣傳這個口號。其中，以齊晉爲首的華夏族各國在「尊王攘夷」的口號下，與周邊的戎、狄、蠻、夷做鬥爭，這使華夏族的旗幟更加鮮明。

在「尊王攘夷」的口號下，華夏族也越來越像正規軍，旗幟鮮明，但同樣也顯現出了它的弊端，就如閉關鎖國一般，不接受外族文化，就關起門來悶騷，對民族的融合造成了十分的不便。進入戰國時期後，華夏族首次提出要「改革開放」，在這種情況下，華夏族文化以其相對的先進性，吸引和改變著周邊文化，逐漸的完成了「尊王攘夷」向「以夏變夷」轉變，爲民族文化大融合提供了良好的契機。

「以夏變夷」意味著夷、夏之間的民族意識趨向模糊、不分你我，不管是哪個民族同胞聚在一起，都能大口喝酒大塊吃肉，暢所欲言，民族情感趨向和諧，民族壁壘趨向消解。而在「以夏變夷」的同時，華夏文化也不斷吸收融匯周邊文化精華於自己的體系之中。最典型的例子，當推趙武靈王「胡服騎射」。

西元前三二五年，趙武靈王成爲趙國的第六個國王，作爲一名有著一腔抱負的君王，他把重要精力投入到了獎勵耕戰和改革軍制上。而「胡服騎射」就是趙武靈王在軍事制度上改革的產物，一不小心名垂青史，而「胡服騎射」在當時恰恰代表了最先進文化的前進方向，對戰國時期的文化發展起到了深遠的影響。

所謂「胡服」，就是胡人的衣服，那個時期的胡人作戰時最鮮明的特點是身穿短衣，騎在馬上動作靈便一邊疾馳，一邊還能射箭，戰鬥力是相當強的。思想先進的趙武靈王也看到了胡人的這些優點，自己一親政便下令向胡人進口胡服，並高價聘請胡人教練，向他們學習騎馬射箭，建立騎兵，大大的增強了趙軍的戰鬥力。

西元前三〇七年，正值春暖花開，趙武靈王召見大臣肥義，在一番客氣之後，趙武靈王向他展示了記載胡服優勢的國外典籍，並向他說出了自己憋在心裏許久的想法，並提出了自己的顧慮：怕引起非議。肥義也是非常上道，一眼便看出了趙武靈王的決心，於是順著他的意思說：「疑事無功，疑行無名。」

幾經努力，在趙武靈王的帶領下全國改穿胡服，勞動人民用了都說好，國有服裝企業也因此得到了發展，趙武靈王也確立起了「優秀服裝設計師」的光榮稱號。遲遲不肯著胡服的那些人馬上變成了另類，加之趙武靈王嚴厲警告，最後也不得不接受改革。

在適應胡服後，趙武靈王便開始施行自己改革的初衷——發展軍事。他親自訓練了一支強大的騎兵隊伍，改變了原來的軍隊裝備。經過改革開放的趙國國力在第二年就開始強大起來。所到之處所向披靡。到西元前二九九年，趙武靈王退位，留給兒子趙惠文王大片江山，並殺進了「戰國七強」，贏得了爭奪總冠軍的季後賽門票。

接受了胡人的短衣長褲風，趙國不僅是在軍事方面逐漸強大起來，而且各族人服裝統一，大大的推動了文化的統一，女人們在一起的聊天內容不再局限於男人和飯菜的做法，還加上了衣服的設計，這種習慣一直延續了兩千多年，至今不只是漢族穿短衣長褲，各個民族也都效仿了起來。

在軍事發展方面，趙武靈王組建的騎兵大力的推動了中原地區國家騎兵兵種的發展，也使中原各國走向強盛。由此可見，一個民族，一種文化，必須不斷地從外部世界汲取營養才能持續地發展，並永保生機。正是有了這種開放的、相容並蓄的思想機制，華夏文明才得以發展，最終壯大爲強大的漢民族文化。

戰國後期，以孔子爲代表的儒家思想有著廣泛的影響力和很強的統治力。秦國一統天下後，也一度把儒家思想奉爲圭臬。如果儒家思想不利於統治者的管理，也是不可能被提上日程的，它好就好在其思想的出發點在管理者的位置上。其中儒家思想的代表作之一《周禮》，把這種管理思想表現的淋漓盡致。

《周禮》一開篇便表明了清晰的立場：王者建立都城，辨別方向，制定宮室居所的位置，分劃城中與郊野的疆域；分設官職，治理天下的人民；設立天官家宰，率領他的部屬，掌理天下的政務，輔佐王者統治天下。並提倡設天、地、春、夏、秋、冬

秦國建設篇

實現帝國夢想

六官，而且明確了王的權力。爲一國之主和六官的統馭者，是爲天子。

作爲全書最重要的制度之一，六官之制表述的體大思精、結構縝密，有總有分，有當官之屬，有冗散之屬，條理清晰，令人讀起來耳目一新。

看到《周禮》這本對於統治者來說簡直就是圭臬的書後，秦始皇帶領自己的精英力量經歷了數年的征戰，建立起統一的政權，並在此基礎上推陳出新，從生活到政治，在各個方面進行強化統一。從此，「大一統」就由一種觀念變爲現實，加之秦始皇又提出「建設有大秦王朝特色的大一統帝國」的方針，「大一統」觀念在某種程度上得到了新的昇華。

從古至今，人與人的交流從原始的肢體語言，逐漸發展爲文字。文字的發展從殷商的金文到春秋戰國時期的兵器刻款、陶文、帛書、簡書等民間文字，這些文字都存在著區域間的差異。這種情況也大大的妨礙了各地經濟文化的交流，一旦影響到了賺錢，大多人都會想辦法的。

剛剛上市的秦王朝認識到沒有文字的統一就沒有良好的交流，沒有良好的交流，經濟就勢必遭到影響。於是，在複合型人才李斯帶領下，以戰國時候秦國通用的籀文**（又稱大篆，系周代文字）**爲基礎，加上齊魯等地通行的蝌蚪文筆劃簡省的創意，創

制出一種字體勻圓齊整、筆劃簡略的新字體，成爲「秦篆」。

在李斯的技術創新部的帶領下，「秦篆」（別名「小篆」）這種官方通用字體就開始流行起來，爲了推廣新式文字，李斯、趙高、胡毋敬等人還編寫了《倉頡篇》《爰曆篇》《博學篇》等，作爲小學的教材，向全國強制推行，很快，其他國家文字逐漸被人們淡忘。

由於秦國的行政干預，「小纂」這種字體在當時的中國大地成了文化的流行風，但既然是流行，就說明流動性很大，行動也比較迅速，所以終將會被代替的，比如流行歌星大都是曇花一現，流行感冒病毒的複製能力常以幾何倍數增長，果不其然，「小篆」這種字體在教科書上還沒印多少版，就又遭了教育界的改革。

一位叫程邈的衙吏因犯罪被關進雲陽的監獄，在坐牢的十年時間裏，不忘學習，他對當時字體演變中已出現的一種變化（後世稱為「隸變」）進行總結。他的這種行爲竟鬼使神差的被從不微服私訪的秦始皇知道了，得到了賞識，於是獲釋。書法改革家程邈得到秦始皇大力支持，要求他按照自己的創新思路制定出一種新字體。既然是新的，那麼就一定要有充足的優勢，新字體的特點是：將篆體圓轉的筆劃變成方形，字形扁平。這種文字書寫起來更爲流暢快捷，很受歡迎，這就是隸書的前身，後來還被收錄到了office辦公軟體中的字體庫。

隸書打破了古體漢字的傳統，奠定了楷書的基礎，提高了書寫效率。這當然要歸功於國家主席秦始皇，正是他不拘一格下令統一和簡化文字，對我國古代文學發展演變做了一次總結，也是一次大的文字改革，它對我國文化的發展起了重大作用。

在經濟上，秦始皇統一六國之後也做了改革，其中最重要的就要數統一貨幣了。貨幣不統一的情況下是非常不利於貿易活動進行的，比如一些人就可以利用這種情況從事投機倒把活動，炒外匯等等。另外，不統一的貨幣政策也非常不利於平民超市的正常運行，對普通老百姓的日常生產生活造成了諸多不便。

秦始皇統一六國之後，從普通老百姓的角度出發，對貨幣制度進行了大的改革。他規定，貨幣分金和銅兩種：黃金稱上幣，以鎰（音億，秦制二十兩為鎰）爲單位；銅錢爲下幣，統一爲圓形方孔，以半兩爲單位。金幣主要用於皇帝賞賜用，而銅幣便做了主要的流通媒介，後來考古發現的銅幣也遠遠多於金幣。

作爲全國通用的貨幣，銅幣的樣式也經過了專業設計師的精心設計，雖然沒有印上秦始皇老人家的頭像，但設計理念也還是相當新穎的。比如它的開孔：銅幣圓形防空，對應了古代「天圓地方」一說，並且在使用上有很大的方便，可穿、可掛、可纏腰間，以至後來描述一個人有錢可以說他「腰纏萬貫」。

除了對貨幣的改革外，秦國早在商鞅變法時就已經在國內對度、量、衡的標準做過統一的規定。秦始皇以原秦國的度、量、衡單位爲標準，淘汰與此不合的制度。秦廷在原商鞅頒佈的標準器上再加刻詔書銘文，或另行製作相同的標準器刻上銘文，發到全國。與標準器不同的度、量、衡一律禁止使用。在田制上，秦王朝規定六尺爲一步，兩百四十步爲一畝。這一畝制以後沿用千年大致不變，足見其影響力。

或許是始皇帝從小生活顛沛流離，讀書不多，所以他對文化人非常崇拜，秦統一六國後，對許多文化進行了大一統，新生的網路熱點辭彙也很多，比如：車同軌、行同倫等。車同軌就是說，統一車輛形制，定車寬以六尺爲制，可通行全國；行同倫則是端正風俗，建立起統一的倫理道德和行爲規範。

「形同倫」在秦始皇統一六國後，顯得尤爲重要。西元前二一九年，做了廿八年皇帝的嬴政出門旅遊，到了泰山腳下。這裏原是齊國故地，號稱「禮儀之邦」。突然興起的始皇帝便令人在泰山所刻的石上記下男女之間的界限，以禮相待，女治內，男治外，各盡其職，從而給後代樹立好的榜樣。這或許是最早的「大男人主義」了。

「不到長城非好漢」，長城自古以來是文人志士旅遊散心的百大必選地之一，而秦始皇帶領下的集團公司對長城的地產開發也是起到巨大作用的。在戰國時代，與匈奴接壤的趙國爲了抵禦外族入侵而修建長城，其他各國也紛紛效仿，但遇到「三不管」地區、主權爭議地區，長城就此斷開。

秦統一六國之後，非常注重統一和諧，看著斷斷續續的長城完全不符合大一統的完美規劃，嬴政成天對著地圖看，越看越蛋疼，然後就不淡定了。於是下定決心徹底根治蛋疼的病，遂派人修築長城，他的目的是利用秦國統一後的巨大人力物力修成整齊劃一的長城。

匈奴這個民族可不是吃素的。匈奴族是分佈在蒙古高原的一個古老的民族，他們主要從事游牧，強悍並精於騎射。中原各國與之多有衝突，但都是得不償失，並且不甘寂寞的匈奴族經常對邊境地區進行騷擾，游擊戰打得相當的好。所以要修長城、打匈奴是十分不容易的。

熟讀兵書、對匈奴多有瞭解的嬴政對匈奴也不是打無準備之仗。始皇帝曾多次用兵進攻匈奴，並新設四十四個縣，統屬於九原郡。西元前二一一年，又遷犯人三萬戶到今北河、榆中一帶墾殖，打仗歸打仗，還不忘對當地人民進行教育洗腦，從而加強了兩族人民經濟文化的融合與交流。

把匈奴弄老實之後，開發長城這件事就去了一大後患，最起碼不會經常有人來胡亂收保護費了。於是，大秦房地產開發集團招標翻新修建長城，爲了重點鞏固北方的

邊防，秦王朝就將原來秦、趙、燕北邊的長城連接起來，並進行修繕補建，最終完成了一條西起臨洮，沿黃河陰山，東到遼東的萬里長城。

秦國眾多英明決策中的其中一項，就是建立了各地交通線，重修馳道、直道，從而建立起了四通發達的全國性的交通網。這也是大一統和諧社會的一大體現。

在秦統一六國之前，各國的國道各自沿著各自的地盤隨意蔓延，並且由於長期的戰爭逼迫，各地還修築了不少關塞堡壘，大大限制了交通業的發展。西元前二二〇年，秦始皇下令「治馳道」，對之前各國修建的國道進行統一整合、編號。西元前二一五年，始皇帝又下令拆毀各地阻礙交通的收費站，一時之間，國道暢通無阻。

當時統一後的秦國，雖然國土西起臨洮東到大海，地域廣闊，但國內的主要國道只有兩條，一條通往過去的齊燕地區，另一條向南抵達過去的吳楚地區；這兩條國道還連結了一些重要的江、湖，並直達東海，對一些沿海城市的旅遊業做出了重要貢獻，在當時的條件限制下，能做出這麼周密的道路規劃令人嘆服。

秦國的國道還有一個重要的特點：那就是綠化規模搞得特別好。據《賈鄒枚路傳》說，國道寬五十步，路面經過素土、灰土等層層夯實，雖然沒有做抗震設計，短時間內也不會開裂。綠化方面，國道邊每隔三丈種一棵樹，行人在大熱天走累了還可以在路旁樹蔭下休息一番，設計相當的人性化。

富不過三代，皇帝也不過三代？

秦始皇稱帝之後，便開始了對世襲制的經營，他幻想著將嬴氏「家天下」傳之永遠的想法，他想著自己的子孫後代可以像他一樣優秀，所以他給自己命名爲秦始皇，渴望帝位代代相傳，然而他只不過做了一場白日夢。

雖然秦始皇的世襲制沒有延續多久，但是他從「千秋萬代」著眼而精心構造的帝制和一整套國家制度，卻開創了兩千年的中華帝國的基業。這樣的功勞是不可磨滅的。

「皇帝、天子」這些辭彙在春秋戰國時期的字典裏是查不到的，充其量也只是「君」或者「王」，聽起來最多也就是個省長的頭銜，霸氣不足。而善於創新的嬴政一統天下後的第一件事，就是要重新給自己確定一個霸氣十足的稱號。「皇帝」稱謂的出現，充分的表明了秦始皇的兩種心理：第一，他想表示其至高無上的地位和權威是上天給予的，即「君權神授」；第二，他覺得僅僅做人間的統治者還不滿足，還要當神。而我們只想說，他真的太囂張了。「不知天高地厚」，在他那裏做了淋漓盡致的體現。

自己加冕之後，秦嬴政成爲了中國歷史上第一個皇帝，遂稱「始皇帝」。一時之間，囂張至極的始皇帝又出新規：皇位世襲相傳。顯然他沒有預知到家族式管理帶來的壞處，各個部門之間也因爲家族內外爭權奪利矛盾重重。於是試水家族企業管理模式的秦國到了第二世，便再也支撐不下去了。

自秦始皇起，「朕」這個字成了皇帝專用的自稱，版權所有，違者必究。除了對「朕」字進行地位提升之外，另外一些辭彙也得到了提拔，比如說「制」和「詔」專職代表皇帝的命令；「璽」也成爲了只限皇帝使用的，以玉質雕刻的大印。在文字書寫方面，不准提及皇帝的名字，要避諱。

「一切都是爲了子孫，爲了子孫的一切」，始皇帝嬴政費勁心機的管理國家，加強自己的統治地位，都是爲了替子孫萬代奠定基業，秦始皇非常清楚，沒有合理的政治權力分配體系，再強大的國家也會很快土崩瓦解，在戰國時期，有一種鞏固君王地位的制度入了秦始皇的法眼，那便是設置官職。在此基礎上，秦集團又進行了創新，加強了代表性：代表最少數嬴氏家族的利益！最終建立了一套相當完整的中央集權制度和行政機構。

雖然秦始皇的政權體系和權力分配絕大多數考慮了他們家族的利益，但建立中央集權制度的大秦王朝各級官員分工明確，長期來看，這種分工明確的管理制度本身是能出效益的。況且我們可以抱著寬容的心態考慮，始皇帝就是一個封建社會的皇帝，他不代表個人和家族的利益，難道還能代表廣大人民群眾的利益？

權力分配體系建成後，始皇帝又開始構建政權金字塔式分配圖。從官職來看，國家總理丞相，是中央政權機構的最高行政長官，協助皇帝處理全國政務；太尉就相當厲害了，擁有軍權，是中央的最高軍事長官，儼然一個軍委副主席，協助皇帝處理全國軍務；其他的有御史大夫等，分別掌管不同的事務。

古代說到一個人的功名的時候，有個詞語聽起來感覺特別霸氣：位列三公。而在中央集權制度下的三公官職確實不小，丞相、太尉、御史大夫並稱「三公」，現在看來，這三公都是擁有實權的重要崗位，工作範圍涉及到各個方面，做到這種地步的人，也確實讓人羡慕嫉妒恨！

三公雖然位高權重，位列三公的人當然能力也是非常大，但如果讓他們處理所有的公務，也不靠譜，因此，「三公」之下設九卿。九卿對分工進行了細化，實行責任制，明確責任後的各個部門面對出現的問題就不能相互扯皮，這樣，各個崗位上的官員以及員工就會把老大的事當做自己的事來看待，責任心也就強了許多。

所謂「九卿」，即負責宗廟禮儀的奉常、執掌宮廷戍衛大權的郎中令、還有警衛連長衛尉、交通部長太僕專門負責皇帝使用的車馬、管理皇族事務的宗正、皇室私

家管家少府、財政部長治粟內史、主管少數民族事務的典客主以及掌管刑罰的廷尉。「九卿」官職看起來不大，但是油水豐厚，是廣大公務員追逐的目標。

中央集權制就是在這種森嚴的等級制度下得到了鞏固。除了「三公九卿」以外，秦代還有另外一些很重要的官職，要麼是權重，要麼就是大有油水可撈。比如博士「掌通古今」，即通曉古今史事，自然而然的就成爲了皇帝的專業諮詢顧問，在他們名下估計有不少諮詢公司，靠自己的能力掙錢倒也心安理得。

嬴政統一六國後，隨著地盤的擴大，子民當中少數民族也越來越多，對於少數民族的管理，嬴政及他的智囊團也沒有忽視，除了在「九卿」中專門設置典客專管少數民族事務外，還設置了典屬這樣一個職位，不過不用擔心他們因爲職能重合會互相扯皮，他們一個搞外交，另外一個搞內政，分工明確。

在秦朝，典客主要掌管與秦友好的少數民族交往，什麼和親了、特產貿易來往了，甚至是少數民族的特殊宗教儀式審批出席都是他的工作範疇。而典屬則負責已投降秦朝的少數民族，加強對他們的思想教育和文化教育，防止他們因爲種種原因再組織什麼恐怖勢力等等意外情況。

秦王朝的這套中央集權的政權機構建立起來後，嬴政使用起來特別得心應手，以至後來一直被歷代王朝所效仿。特別是不喜歡創新的漢代，幾乎是照搬了秦朝制定的

「三公九卿」制度。

或許古代的皇帝們都患有強迫症，秦王嬴政更是強迫症患者的傑出代表。為了集各種權力於一身，同時還得保證讓政府部門高效運作，他對如何集權，又對如何分權頗下了一番苦心。雖然是始皇帝，但許多做法都是相當的老練，比如對相權、兵權以及司法權的處理等等。

作為「三公」之一的丞相，戰國時又稱相國，管得相當的寬，權力那可是大了去了，所謂「一朝天子一朝臣」，丞相和皇帝也是構成每一屆領導班子的核心。

戰國時設了丞相這一官職的秦國，對丞相的權力進行了無限制的擴大，其中秦國「名相」當中，人氣指數最高的莫屬呂不韋了。想當年，呂不韋總攬一切軍政大權。在他那一屆的領導班子集團當中，皇帝都在一定程度上要依靠丞相處理政務，很多時候丞相一不小心就會削弱君權。這種關係處理起來相當的複雜。

始皇帝很早就從呂不韋那兒意識到了丞相權力過大、管得太寬這一特點。為了削弱丞相的權力，秦社會關係學專家們經過認真研究，提出了設左右二相，這樣好處就大大滴有了：領導核心小組擴大了，內部矛盾由兩者矛盾轉化為了三角矛盾關係，這樣，老二老三自然都不會去跟老大較真，只會相互之間相互牽制。

統一六國後，秦始皇認真、透澈、客觀的總結了歷史經驗，他決定進一步縮小相

權。首先，他對「三公」各自的職責進行了明確的劃分，武事由太尉掌管，同時設置御史大夫，專管監察，同時參與處理朝政，對丞相也進行了牽制。這樣一來，丞相就徹徹底底的成了文官之長，而其他的特權則一律取消。

在削弱相權的政策中，有一個大家很不容易看到的盲點，那就是「博士」對相權的削弱。「博士」在秦國自然不是一個學位的代名詞，但是熟讀各種武俠、歷史、天文、地理書籍的這群人經常活動在始皇帝的左右，碰到幾個心機深點的，那真是得罪不起，這種軟實力對其他官職的威脅也是相當的嚴重。

爲了顯示對讀書人的尊重，秦國在在焚書坑儒時，專門下了一個赦令，博士是唯一有權讀禁書的人。因此，表面上只是文官的博士依靠這種軟實力，事實上構成了對相權的一種削弱。

統一六國後，始皇帝非常注重個人權威，有一次，秦始皇到梁山宮，從山上見到李斯的車騎儀仗很是隆重，就表示不滿。誰知道這話後來傳到了李斯那裏，李斯立刻削減車騎。當秦始皇再次見到李斯的車騎儀仗時，發覺已經減少了，馬上意識到是有人向李斯洩露了自己說的話，就下令將當時在場的人全部處死。

秦始皇製造出的中央集權制模式之下，有一個「杯具」官職——太尉，法律規定太尉是武官的首領，但據考核，秦代未發現有任何一人擔任太尉之職，有什麼軍事演習了，出兵匈奴了等各種大小指揮現場中，都沒有發現貌似太尉的人出現，只有神似秦始皇的高帥富皇帝時而看著沙盤指指點點，時而看著地圖畫來畫去……

在軍權上進行嚴格控制的秦始皇最終也發現，一個人的精力確實是有限的，沒有了太尉，自己常常要扮演太尉的角色出席各種軍方的會議、晚宴，可作爲帝國的統治者，他實在沒精力再管理更多的事務。在這樣的情況下，廷尉的地位就得到了抬升，掌管司法的廷尉被賦予了相當大的職權，以此威懾百官。

秦王朝的「三公九卿」制確立了古代中國的一種分權原則，比如，有人將丞相、太尉、御史大夫喻爲中國的「三權分立」，的確，從形式上看的確是這樣，但是要注意，這種分散的權力最後又都集中到皇帝一人的權力之下。分權，是爲了讓百官公卿通過互相牽制，更好地服務於皇權，所以也就是爲了更好的集權。

秦王朝建立後，對於地方政權該怎麼處理給秦始皇出了個難題。接下來便展開了分封VS郡縣大戰。王綰向秦始皇建議，對諸公子分封領地，建立屬國，以維護中央，是爲分封一派；而另外一派的代表便是才智過人的丞相李斯，堅決反對分封制，他從前朝歷史教訓中找到了分封制給國家帶來的壞處，因此贊成郡縣制。

在到底實行分封制還是郡縣制上，李斯的確負起了作爲丞相的責任，因爲反對分封制就意味著要得罪始皇帝的一大幫兒子，但李斯和他們真沒有仇，他對支持郡縣制的闡述不是一味的講大道理，而是對歷史事實進行描述，然後針對歷史事實講了眾多壞處等等。在這場關係到國計民生的辯論賽中，他也最終贏得了勝利。

確定實施郡縣制的方針後，秦王朝迅速建立了統一的地方行政制度——郡縣制。始皇帝把天下由原來的三十六個郡調整爲四十六個郡，政權分級明確，由中央對這些分公司統一管理，派駐印章管理員、財務總監等欽差大臣，對地方軍政和財政進行控制，再對他們收取一定的管理費，整個運營起來就方便有效了很多。

既然稱作郡縣制，那麼縣自然是少不了的。縣在秦代那裏是非常關鍵的一級組織，屬於秦王朝從公司總部到地方基層專案的一整套管理系統中相對獨立的一個單位。人口普查及身分證、戶口名簿的辦理，徵收糧食等事務也以縣爲單位進行處理，秦朝甚至規定，可以組織縣級武裝，可見中央重視程度。

作爲歷史的幸運兒，由秦始皇開創並主導的秦國，在很多方面的建設對後世是有深遠的影響的。統一文字和度量衡是的，國家道路的規劃和修建也是，當然也包括郡縣制的實行，縣的存在及縣長的存在使很多在基層的平民也有機會擠進管理層。畢竟是基層組織，更貼近百姓的管理，讓很多人對公司充滿了信心。

秦始皇統一六國，除了對國家各種制度進行改革之外，對另外一個問題考慮的是最多的，那就是如何能找出一個辦法，使國家長治久安，能傳給子孫萬代。綜合前朝經驗，分封制度可以效仿，但是秦始皇不想這麼做，善於總結經驗的他，從前朝滅亡的事實看到這個辦法的許多漏洞，認為分封制根本不符合秦國國情。

在夏、商、周三朝確立的分封制，往往在第一代的時候，制度執行得還不錯，分封到各地的王侯因為都在建國時經歷無數風風雨雨，非常珍惜和國君的傳統友誼，對天子非常尊重，分封各地的諸侯王由於都是戰友、親戚關係，甚至有些還有生死之交，所以各個王侯之間能夠和睦相處，發生戰爭的機率很小。

等到諸侯王位傳到第二代第三代以後，各地的王侯與天子的關係已經很疏遠了，有些二愣子諸侯王就逐漸拿天子不當回事了，甚至有的幾年都不朝拜，不進貢，這還算是好的，有些勢力強大的，甚至整日叫囂著要取代天子自己來坐莊，這就讓各位天子非常苦惱，但往往還沒有辦法去控制局面。

分封的諸侯王除了調整天子的權威之外，這些平行的新王侯之間的關係，也逐漸因為各種原因搞得很僵，於是乎各個諸侯國之間就開始產生戰爭了。秦國之所以能統一六國，其實也是這麼一路走來的，戰爭頻發必然導致國力的衰弱，長此以往，國家滅亡也就在所難免，秦始皇基於這些原因不想再實行分封制度。

可這只是秦始皇一廂情願的想法，他不想採用分封制度，他手下的一幫大臣卻不

答應，畢竟大家跟著你南征北戰，整日把腦袋別在褲腰上爲給秦國出了那麼大的力，哪個不想封侯封王？現在到了採摘勝利果實的時候了，你卻不想給我們分一點利益，太不厚道了，雖然大臣們沒有明說，但心裏都這樣想。

正在大家都不知道該怎麼和秦始皇談判封王事宜時，我們的老朋友尉繚又一次出鏡了，志向遠大的尉繚看到六國統一，干戈平息，長嘆一口氣後，瀟灑地甩一甩衣袖去山林中歸隱了，這本身就是尉繚的終極理想，可在大臣看來卻是尉繚對遲遲不能封王的一種無聲的反對，因此大家以尉繚爲突破口向秦始皇提出了分封建議。

秦始皇知道大家心中的想法，因此就向大臣詢問分封的必要性，這種與虎謀皮的問題當然得到大家的一致支持，正在秦始皇無可奈何之際，李斯再次爲他解了圍，李斯說：「分封制度固然是傳統，但缺點也很明顯，分封導致權力分散，必然引起禍端，最好是實行郡縣制，權力集中到中央，這樣國家才能強盛穩定。」

要說李斯作爲一個外籍人士，能在秦國混得風生水起，其智慧可見一斑，這次分封制還是郡縣制的爭論上，李斯的這一番話正說到秦始皇的心坎上，秦始皇當即表揚李斯忠心爲國，並當時拍板無需再議，就按李斯意見實行郡縣制。然後命李斯實施。李斯就把全國分爲三十六郡。李斯也因此被封爲丞相。

雖然郡縣制被確立下來，並在李斯的主持下有序實施，但是有關利益分配問題的爭論並沒結束。大多數的文武百官還在爲沒能分到一塊地盤耿耿於懷，還有一些一根筋的文人儒士也湊熱鬧堅決反對郡縣制。因此郡縣制推行起來非常緩慢，有些人甚至打起了非暴力不合作的主意，進行軟對抗。

其實在反對郡縣制的兩撥人中，有著截然不同的兩種目的，那些文武百官反對，是因爲郡縣制阻礙了他們的既得利益，而那些文人儒士反對卻是爲了國家的利益，即使封王，那些文人儒士是沒有份的，他們認爲，郡縣制對國家不利，分封制對國家有利，應該實行分封制。

如果用我們現在人的眼光來看，當然是郡縣制好，雖然秦始皇實行郡縣制的目的並不是爲了歷史大局著想，可是從客觀來說，郡縣制確實比分封制進步，便於管理，有利於國家穩定是確定以及肯定的。

秦始皇雖然堅決支持李斯的郡縣制提議，但出於朝廷和諧考慮，同時也在朝廷進行了大辯論，當時的朝野以李斯爲代表的人支持郡縣制，而以淳于越博士爲代表的支持分封制，許多朝廷中有威望的人都暗中贊成分封制，這讓李斯和他背後的秦始皇感受到了巨大的壓力。

最終的結果再次證明了群眾的聲音再響亮也沒有老板的命令管用，雖然爲了實行分封制，在這些文人儒士的組織下，請願上訪者接連不斷，有的甚至還以自殺相威

脅，那個淳于越博士還到處宣傳，但最終郡縣制還是在秦始皇的堅決支持下、李斯的忠實執行下施行了，從此秦始皇也開始厭惡起一部分讀書人了。

雖然郡縣制中，「郡」基本上是縣級以上的地方行政區劃分，但它起到的實際意義很小，郡的存在很多時候只是對縣級管理組織收點管理費，賣的是資質，但說到實權，相比縣而言就弱爆了！到了隋唐，郡逐漸退出歷史舞臺。但其深遠影響是不能被磨滅的，比如今日中國的省縣制，就是由郡縣制逐漸演變發展而來的。

嬴政通過君主集權制對大權進行了大包大攬之後，又不讓郡這樣級別稍微高的單位掌握實權，而是強化地方與基層政權組織。每一個地方組織的行政官員，都按照中央的模式設置分工明確的官職，各司其職，互不干涉，郡一級的設守、尉、監等。郡的最高長官是郡守，主要掌管政務。

在各個郡中，郡尉負責軍事和治安，不干預民事。監御史負責監察官吏，直屬中央的御史大夫。相比之下，縣一級的設置略有變化，縣設令（或長）、丞、尉。雖然名義上縣是最基層的組織，但是縣長等領導小組的官職倒挺唬人，時丞又是尉，聽起來跟三公似的，相比而言，縣的自由度又更大一些。

秦朝根據縣的大小不同還採用了靈活機動的官職設置，萬戶以上的縣還設置縣令，七品芝麻官倒也不是很小嘛，不滿萬戶的設縣長。這樣一來，基層專案的領導班子就確定了下來：縣令（長）、縣丞、縣尉，分別管理政務、軍事和司法。這些官職都需要皇帝直接任免，因此那些蓋著玉璽的委任狀可不是鬧著玩的。

郡縣制裏除了郡和縣，還有鄉和亭，其實就相當於現在的鄉和村級組織，亭爲治安大隊，不是城管，鄉是隸屬於縣的基層行政組織。其職能主要有四：（一）攤派徭役；（二）徵收田賦；（三）查證本鄉被告案情；（四）參與對國家倉庫糧食的保管工作。

鄉長級官職設有「三老」「嗇夫」「遊徼（音教）」「三老」掌教化，「嗇夫」掌訴訟、收賦稅，「遊徼」掌捕盜賊。多數鄉官由當地地主豪紳擔任。這些官職不是由皇帝直接任命，委任狀上也無須蓋上玉璽，因此可操作性就大了很多，組成人員大致就是縣長的七大姑、八大姨、小舅子，有點錢沒地方花的地主豪紳等。

大家一定還記得漢高祖劉邦的身分，他就是秦朝官僚體系中的亭長，但不要把亭長不當幹部，在它之下，秦朝還設有里。里設里正或里典（為避秦始皇名「政」之諱，而改「正」為「典」）。里中設置嚴密的什伍戶籍組織，以便支派差役，收納賦稅。並規定互相監督告奸，一人犯罪，鄰里連坐。

在此，我們隆重介紹一下劉邦擔任過的亭長一職，亭屬於治安系統的基層組織，其大體情況相當於目前的基層警務室和派出所，係縣尉的派出機構。亭有亭長，下面

還設有「亭父」、「求盜」各一人。亭主要管理治安，還負責接待往來的官吏，掌管爲政府輸送、採購、傳遞（文書）等事。

秦朝通過君主集權制和郡縣制，建立起了一套嚴密而完整的地方與基層的政權系統，強化了國家對老百姓的管理。

秦國統一六國後，再也沒有可以與始皇帝爲敵的強勁對手，秦始皇以爲，憑藉自己強大的軍事、官僚機器和一整套的嚴刑酷法就可以任意「臣畜天下」。他視人民爲草芥，無休止地橫徵暴斂，肆意地摧殘蹂躪，自己則窮奢極欲，縱情享受。憋了許久沒飆車、泡妞的他，似乎要把之前失去的都給彌補過來。

患有強迫症的他對周圍的大臣從不放心，每天要親自處理各種奏章文書，以竹、木簡一石（一百二十斤）爲標準，不盡此數不休息，並隨時召見相關官員垂詢。公卿大臣們只是仰承秦始皇的鼻息行事，個個誠惶誠恐。背逆他的意願或惹他不高興的，隨時會遭殺身之禍。以至後來全國上下臣民敢怒而不敢言。

出來混總是要還的。身爲江湖老大的始皇帝嬴政顯然沒有想到自己的暴政會帶來什麼樣的結果。從橫掃天下、一統六合的英雄，突然變成了作威作福、荼毒人民的暴君。這使得本身還對各種法律、各種政策不是很習慣的天下臣民對其政權開始懷疑起來，他的這一變態暴政把他的「千秋萬代」的夢想帶入深淵。

每一屆領導集團換人之後，似乎都會在房地產上大下功夫，古代稱之爲大興土木，通過大興土木，首先可以帶動全國的勞動市場；再者，大大的發展了全國上下的基層建設；另外，一些地標性建築也給各個城市帶來特色。秦始皇在這方面也不例外，政權鞏固之後便開始了興土木、修宮殿。在發展建築工程產業的同時，秦朝高層也沒忘記對道路橋梁業的發展。西元前秦始皇三十五年（西元前二一二年），建築業國企龍頭決定修直道。這種路橋工程早在平定六國的次年就已經實施過，但頭腦發脹的秦始皇認爲規模還不夠，還要擴大些。

不知是秦始皇患有間歇性智商低下，還是他的確患有狂妄自大的綜合症，秦國統一六國當年，秦始皇下令修馳道和甬道，連結極廟與咸陽。所謂甬道，就是在道路兩側築起高牆，專供秦始皇從中行走。不讓路人瞧見。這目標也太明顯了，每當聽到甬道裏有動靜，很大可能就是暴戾的嬴政又出來散心了。

造宮殿似乎是始皇帝的一大愛好，每當消滅一國，他就派專人到該國摹繪那裏的宮殿建築，然後依照其式樣，在咸陽附近的北阪築起同樣的宮殿。這種心理就好像是佔有了一樣東西然後把它存在記憶裏，沒事的時候去回憶回憶自己當年的輝煌一樣，這種人以佔有掠奪爲快樂，相當變態。

秦始皇的宮殿建造之後，自然是不會讓它們空著，但是又沒有一個發達的室內裝飾裝修設計產業，只能將繳獲的一些戰利品看起來還不錯的放置其內，另外就是美女了，話說美女才是男人最好的裝飾嘛。據記載，秦始皇的後宮宮殿群裏列女萬餘人。

秦始皇的享樂欲望和好大喜功的心理，給整個集團公司的員工帶來了相當大的浩劫。只讓幹活不發工資不說，還大肆搜刮民脂民膏，濫徵民力，可謂是爲了工地不計後果。施工過程中不僅沒有安全生產保障措施，還對勞力進行打罵。殘暴的統治，使秦王朝領導高層逐漸失去了民心。

西元前二一二年，秦始皇以咸陽人多，先王宮廷小爲由，開始大修阿房宮，據記載，先作前殿阿房，東西五百步，南北五十丈。上可以坐萬人。殿前可樹五丈高的大旗。宮前立十二個巨大的銅人，各重廿四萬斤，係秦初收繳民間兵器銷毀改鑄而成。還用磁石做大門，以防有人攜帶暗器入宮。

在所有新建宮殿建築群的規劃上，秦始皇也請了專業隊伍進行規劃設計。在前殿阿房宮周圍，建有大小樓臺亭閣相互環繞。並且修建一條閣道，從阿房宮直達南山，在南山之巔再造宮闕。這一構思，可能與秦始皇想和天上神仙溝通有關。還要築一條「複道」將阿房宮與咸陽連起來，其中有一段要跨越渭河。

阿房宮的修建是一個神話！唐代著名詩人杜牧在《阿房宮賦》裏有這麼幾句話表

現阿房宮的宏偉奢華：「蜀山兀，阿房出，覆壓三百餘里。一日之內，一宮之間，而氣候不齊。」有這等宏偉，不得不說在中國宮殿建造歷史上，甚至是在中國古代建造藝術與技術上都是建築業的一朵奇葩。

秦始皇在規劃自己建築群的同時，爲了能享受到這些人間罕見的超級建築，他還堅持派人四處尋找長生不老之方，結果他過高的估計了自己所處時期的醫療水準，落了個抱憾而終。結果阿房宮、興樂宮、梁山宮等，雖然都修建得富麗堂皇，卻始終沒有等到自己主人的到來。

「孟姜女，哭長城」，據說是爲了自己的丈夫去修建長城沒回來而哭。修建長城是秦始皇領導集團的另一大工程。勞民傷財不在話下，據說修建長城的勞動力達三十萬人，還有人說甚至有四十萬之多。男勞力不論老少，幾乎都被徵去當勞力。萬里長城下，又埋葬了多少的屈骨冤魂。

當代的考古學家、歷史學家，以及建築學家都曾對修建長城的難度以及動用人力的數目做過一番評論。在沒有挖土機、沒有吊車、沒有直升機的時代，全憑勞動人民的雙手，那得耗掉多少的人工。無怪乎有些八卦人士曾撰文討論，認爲長城和埃及的金字塔等神秘建築一樣，有被外星人建造的嫌疑。

除了阿房宮、長城等工程之外，始皇帝時期還修建了另外一項目前仍讓全世界考

古工作組魂牽夢繞的工程——驪山始皇陵。據考古工作者的估計，僅人工挖土方量就不少於一三一七點七萬立方米，按照當代定額計算，需十萬人幹一年才可能完成，真不知道秦始皇在當時艱苦的條件下怎麼能組織這麼多的民工。

和春秋戰國時期相比，秦王朝在短短的幾十年間便修建了一大批宮殿群、長城以及皇陵等大量工程，根據一些研究者的估算，秦王朝徵發勞役與兵差所使用的民力，總數應該在三百萬人上下。這對一個二三千萬人口的國家來說，是一個怎樣不堪負荷的重擔，不過浩大的工程也顯示出了秦國國力強盛的程度。

殘酷的強徵徭役，讓普通老百姓們連孩子都不敢生了，更別說送孩子去讀大學了，這樣的情況下連私塾都讀不了。社會的不安定因素像一股暗流一樣正在逐漸形成，這股暗流就像一隻巨大的黑手，終究會在合適的時間，由合適的人蓬勃爆發起來，直至推翻秦朝的暴政統治。

始皇帝是一個心理變態又非常迷信的人，他一直相信可以尋求到長生不老藥，只要能找到這種長生不老秘方，就能讓他認爲的這種和諧大同統治萬年不變，於是他派人四處搜尋，但始終未果。

始皇帝後宮有佳麗三千，有數不盡的嬪妃和全國各地搜羅來的美女。始皇帝常常縱酒後宮，尋歡作樂。爲了便於他輪流在各宮中淫樂，咸陽附近的宮殿都由複道、甬道相通。一切都爲了他的荒淫服務。這種縱欲無度的生活，極大的消耗了始皇帝的精力，這樣就更加強了他尋找長生不老仙藥的迫切心情。

秦始皇二十八年（西元前二一九年），秦始皇一行浩浩蕩蕩東巡到琅琊。齊人徐市等上書說，東海之中有蓬萊、方丈、瀛州三座神山，上面居住著仙人，並有長生不死的奇藥，請求秦始皇委派他率領童男童女入海尋仙求藥。素來迷信的秦始皇聽說後大喜，立即下令趕造一批航海大船，並徵集男女兒童數千人，爲他求取仙藥。

許道長求仙的經歷我們不得而知，但第一次求藥，徐市帶著數千兒童，駕船入海而去。音信全無，求藥經歷就這麼流產了。但是秦始皇還是死心不改，始終相信有長生不老藥。加之各種方士的各種忽悠與欺騙，秦始皇終於決定再次派人去尋找傳說中的羨門、高誓，隨後又派韓終、侯公、石生去探求長生不死之藥。

秦始皇三十五年（西元前二一二年），一直沒有找到長生不老藥的盧生爲了交差，就只能編各種鬼話自圓其說，爲了逃避秦始皇的處罰，盧生不知道從哪兒搞了一本鬼神圖書回來，上書「亡秦者胡也」，爲了能讓滅亡秦國的「胡」扼殺在搖籃之中，秦始皇便派大將蒙恬發兵三十萬北擊胡人。

盧生爲了忽悠秦始皇，故弄玄虛要求不讓別人知道自己的居處和行蹤，這樣就可

以得到不死之藥。盧生還建議秦始皇經過鍛煉成為「真人」，並忽悠秦始皇相信「真人」相當神通廣大，可入火入水而安然無恙，可以與天地長久。從不鑽研自然科學，又求神心切的秦始皇不再稱朕，不再上朝，並自稱「真人」。

始皇帝在尋找仙藥的過程中一直聽信盧生和眾方士的謊言，但仙藥仍不見蹤影。而一直在編謊言的各種投機方士者也漸漸的難以自圓其說，欺君之罪越陷越深，便一起商量對策，他們在一起對他們的老大首先進行了一番批評：剛愎自用、自以為是、貪欲權勢等等。然後自知前程凶多吉少，便趁早逃之夭夭。

秦始皇耗費無數經歷和鈔票讓盧生等去尋找仙藥，結果卻聽到盧生等人對自己的誹謗，一直心高氣傲、行事又極其兇殘的秦始皇大怒，便下令把咸陽所有的讀書人全部捉去審問，不團結的這些文人竟然也相互告發，最終牽扯進去的竟有四百六十餘人之多，秦始皇下令把這些人全部活埋，這也就是著名的「坑儒事件」。

秦始皇的長子扶蘇向來與咸陽城內各方士交好，見父皇這樣大施淫威，就加以勸諫，而此時殺紅了眼的嬴政哪能顧得上扶蘇，什麼老婆、孩子都不能阻擋他暴戾的性子。聽到扶蘇的直言勸諫，不但不聽，反而立即下令將扶蘇發配邊疆，去擔任正在那裏戍邊的蒙恬軍隊的監軍。

在「坑儒」的前一年，秦始皇還曾下令「焚書」的命令：凡秦記以外的史書和非

博士所藏的詩、書、百家語都要燒掉，只准留下醫藥、卜筮、種樹之書；以後若有再談論詩書的，處死；以古非今的，滅族；官吏若知而不檢舉的，與之同罪；命令下達三十日內不焚書的，受黥刑並罰四年築城勞役。

「焚書」和「坑儒」這兩起歷史悲劇，在中國人的心中留下了永遠的傷痛。我們也因此失去了眾多具有文化、藝術價值的史書及書畫等作品，這是中華民族文化的一大流失。這場「焚書坑儒事件」作爲世界文化史的一次浩劫，被載入了各國的文化史冊，作爲不尊重文化的經典案例流傳下來，令國人蒙羞。

秦始皇對人民及群臣殘暴的統治，最終還是激起了民憤。到了秦二世胡亥繼位，更是在他老子的基礎上變本加厲，瘋狂的以嚴刑峻法謀一己私利。群臣人人自危，秦朝建立之初的一些管理制度已經名存實亡。

一個集團的領導核心是一個集團的魂，能不能走得長遠，最直接的反映在領導者那裏，所謂強將手下無弱兵。秦始皇去世之後，秦二世繼續的暴戾統治使老百姓對嬴氏這幫家族企業的管理徹底失去了信心。於是一個有抱負的年輕小夥子陳勝便站了出來，說：「天下苦秦久矣！」並在大澤鄉發動農民起義。

揭竿而起的義軍一開始民心所向，所向披靡。在陳勝發動起義後的第三年，原

本在一小地方的流氓頭子劉邦也湊起了熱鬧，並且鬧得動靜還不小，竟然率軍攻入了咸陽。到了咸陽的劉邦召集當地豪傑開會，開始收買民心，並「約法三章」「除去秦法」，這一舉措最後讓他取代秦始皇的子孫，建立了自己的王朝。

＊微歷史大事記＊

西元前二四六　西元前二〇八年，秦始皇陵修建

西元前二二一年　秦國施行郡縣制

西元前二二二年始　秦始皇開始整治交通

西元前二一九年　秦始皇泰山封禪，正式提出「行同倫」

西元前二一四年　秦始皇處死四百六十名術士

西元前二一三年　秦始皇下令焚燒書籍

西元前二一二年　秦始皇開始修建阿房宮

西元前二一〇年　秦始皇病逝於東巡途中

第六章

秦國結束篇

夢想的完結

第六章 秦國結束篇

夢想的完結

275

Q 誰是富二代

秦始皇三十七年（西元前二一〇年），長期攬權操勞國事並且縱欲過度，加之思想迷信，身體大不如前的秦始皇時常被一種不祥的預感所侵擾。爲此，他到處請人占卜，最終得了「遊徙吉」一卦，意思是只有外出遊歷才會吉利，這一卦也確實爲天下蒼生帶來了吉利，因爲在出遊的路上，始皇帝他老人家終於掛了。

或許早有預感，這次陪同秦始皇最後一次巡遊的，有丞相李斯，還有扛著玉璽的宦官中車府令趙高，趙高是始皇帝名符其實的愛臣。一直受趙高教導的胡亥在趙高的指示下也要求同行，胡亥聰明伶俐，深得始皇鍾愛，便立刻得到了應允。大公子扶蘇則在邊疆和蒙恬大將軍一起率兵防禦匈奴。

秦始皇帶著浩浩蕩蕩的一大群人馬從咸陽出發了，出武，沿丹水、漢水至雲夢，再順長江東下，經丹陽，又順水道和運河至錢塘。按原計劃準備在這裏渡水上會稽，但因水勢兇猛不宜渡舟，只得西行二十里，改由狹中渡水。秦始皇上會稽山，祭大禹，並在那裏刻石留念。每一筆都是最後的記號，因此都特別珍貴。

從會稽返回後，賊心不死的秦始皇還惦記著琅琊的長生不老藥，於是專門改道

再次去了蓬萊山。聽說秦始皇再次來到琅琊，一直打著爲秦始皇求神藥幌子行騙的方士徐市等，又跑來說了一通瞎話：蓬萊山上的神藥是有的，只是海中有大魚阻擋了通路，不得前去，所以請派人先把這些大魚除掉。

逐漸老邁的秦始皇對長生不老藥的渴求更加迫切，在徐市等人荒誕的長生不老藥學說的忽悠下，他老人家再次失去了理智，立即派人乘船入海射魚，求藥心切的他居然親力親爲。但效果並不怎麼樣，一路上才射殺一條大魚。而此時，半路殺出來的大忽悠徐市等人早已不知去向。有時，真有點兒懷疑他的目的。

當秦始皇出巡車隊返回途經平原津（今山東平原縣南）的時候，本來體質被自己糟蹋得差不多的秦始皇，加上一路的顛簸，車子又沒有避震措施，恰逢高溫天氣，車篷裏也沒有空調等措施，甚至喝上一口清涼的礦泉水的條件都沒有。多重原因導致他患上了重病。

就在秦始皇奄奄一息之時，他還特別忌諱說「死」，不過，他在彌留之際已經意識到，世上根本沒有長生不老藥，死亡之神已在不遠處向他招手，趁著一息尚存，神智還算清醒，秦始皇開始安排後事，爭取把他的「家天下」思想灌輸下去，讓自己的子孫後代永享帝王之福。

在生命彌留之際，秦始皇並沒有糊塗，這老頭子總算做到了知人善用，還知道身邊的老大是個人才，便口授了一封給公子扶蘇的信，讓他速回咸陽辦理喪事，並繼承帝位。然而信未發出，車子也沒有開到咸陽，這位叱吒風雲的一代帝王便撒手人寰，終年四十九歲。

秦始皇死後，左丞相李斯擔心貿然宣布喪事會引起大亂，決定秘不發喪，將屍體放在轀輬（**始皇的臥車**）車中，每日照常令人送飯送水，以掩人耳目。只有胡亥、趙高及五六個宦者知道底細。車駕日夜兼程向著咸陽趕路。然而聰明一世的李斯卻不知道，在這群知情者中，有股暗流正在緩緩流動著。

眼看秦始皇已經掛了，早已不滿足於中車府令權力的趙高就開始盤算著如何篡權。雖然他是宦官，但曾當過胡亥的老師，一日爲師，終身爲父，他也因此深得胡亥的寵幸。而公子扶蘇的老師則爲蒙恬，所以要想位高權重，必須要讓胡亥即位。爲了自己的權勢及前程，力挺胡亥繼位。

受君主集權制的薰陶，在胡亥心中，老爸秦始皇有著天神一般的地位，如果沒有外因的促使，就算借他個膽子他也不敢抗逆旨意。然而趙高並沒有放棄對胡亥的洗腦，還拿以前的實例曉之以利害，年歲不高、腦袋還沒發育完全的胡亥最終還是被趙高給說服了，決定在趙高的幫助下篡奪皇位。

作爲一名著名陰謀家，趙高知道始皇帝嬴政掛了之後，陪著他一同出遊的左丞

相李斯由於是秦始皇的遺囑見證人兼公證人，發言權相當的大，因此胡亥能否即位，他起著舉足輕重的作用，賊精賊精的趙高當然也深知其理。於是就去串通李斯參與陰謀，邊忽悠邊曉之以理，可謂是軟硬兼施。

李斯長時間伺候大老板秦始皇，受到秦始皇家族的薰陶，本來人品就不怎麼好的他變得更加權欲薰心，不過胡亥和趙高提出的這個難題讓李斯考慮了很長時間，長時間的在爾虞我詐的官場中混吃混喝，他知道此事關係重大，弄不好就有殺身之禍，最後他決定不置可否，擺出了隔山觀虎鬥的姿態。

在是否能讓胡亥繼位的意見徵詢中，看到老奸巨猾的李斯持觀望態度，趙高就對李斯施展了挑撥離間的伎倆。他對李斯說：「扶蘇最器重蒙恬，如果扶蘇做了皇帝，勢必用蒙恬爲相。到那時，你想回鄉做老百姓恐怕都不可能了，現在決定誰爲太子全憑你我，我們何不聯手力推胡亥繼位而永保富貴呢？」

趙高在猶豫不決的李斯面前恩威並施，提出支持胡亥則可永保富貴，否則會禍及子孫，李斯聽到趙高爲了讓胡亥即位開出的籌碼，一向穩重的他便開始不淡定了，經過一番權衡，他同意了趙高的謀劃。於是，趙高、李斯二人狼狽爲奸，對天下編了一個彌天大謊，這個謊言卻是以秦朝的滅亡爲代價。

本來一封讓扶蘇即位的信，經過改編蓋章之後，就成了賜死扶蘇。信中說：扶蘇在邊疆十幾年無尺寸之功，還對未被立爲太子有怨氣，上書誹謗父皇，是爲「不孝」；而蒙恬知道扶蘇的言行不加以糾正，表現不忠。在陳列了邊疆二人一連串所謂的罪名之後，便下令讓他們自殺。

在沒有電話與網路的時代，消息的傳播是很不方便的，消息封鎖起來也就相對簡單的多。秦始皇雖然已經掛了許久，但是同行的李斯、趙高等人一直安排隨行御廚送飯到秦始皇的專車之中，因此即使是同行的人，也很少有人知道始皇帝已經西去，更別提遠在邊疆的扶蘇大公子和蒙恬大將軍了。

接到李斯、趙高等人合謀僞造的詔書後，一向缺少懷疑精神的扶蘇信以爲真，還以爲是從咸陽宮中發出的紅頭文件。他從小接受的教育都是秦始皇一手教導的，父命難違，便欲拔劍自殺。在詔書面前，全然不顧蒙恬老師的勸告，乖乖的自殺了。胡亥便成了繼承皇位的唯一候選人。

扶蘇自殺的消息傳到趙高、李斯一行人那裏時，回京車隊已經快到了咸陽。得知扶蘇自殺，趙高一夥明白大事已成，相當興奮，立刻代表朝廷公開發喪，然後宣布胡亥即位，是爲秦二世。那一年，胡亥廿一歲，沒有學歷、沒有社會經驗的他，只能在趙高、李斯等人的幫助下處理朝政，成了傀儡皇帝。而趙高也因此攬上了大權。但實權遠不止此。

篡權之後的趙高自知自己已是奸臣無疑，當壞人的心理是很怪異的，他常常感覺到危機四伏，而他也只能拿胡亥當自己的保護傘。對事情原本就沒有主見的胡亥也對他這位「恩師」言聽計從，任命趙高爲九卿之一的郎中令，掌握宮廷戍衛，並按照趙高的意思，開始對那些對他們心懷不滿的大臣、公子秘密誅殺。

有其父必有其子，胡亥這孩子也是繼承了他老子秦始皇的所有「優良傳統」，甚至有過之而無不及，暴虐異常，殘暴成性。一向沒有主見的胡亥，再加上趙高等這些小人在身邊，立場更加的不堅定。除了排除異己、清除「龍種」外，胡亥對自己的姐妹都不放過，將她們殘酷殺害。

據統計，胡亥有兄弟姐妹數十人。經過與趙高的共同策劃，胡亥羅織罪名，首先將六位公子殺戮於宮，隨後又在咸陽的市上公開處死十二個公子。公子將閭等三人自知二世不會放過他們，被迫含恨自殺。公子高見勢不好準備逃跑，卻又怕牽連家屬滿門被斬，因而主動上書，請求爲秦始皇殉葬。

胡亥還算是有良心的人，見到親兄弟公子高主動求死的奏書大喜，准其請求，並「賜錢十萬以葬」。清除「龍種」之後的胡亥、趙高，在實權上想進行進一步控制，前董事長在軍權的控制上做得就很好，身爲二世的他自然也不甘落後，想「青出於藍而勝於藍」，於是胡亥的屠刀又對準了那些忠心保衛邊疆的將軍。

在秦始皇當政期間，說到兵強馬壯，誰都沒法和蒙恬相比，秦始皇爲了顯示對蒙恬的信任，把太子扶蘇都放心地交給他手下鍛煉。

所謂強將底下無弱兵，自身修爲很高的他帶兵相當出色，但是由於遠在邊疆，心胸狹窄的胡亥、趙高等領導集團對蒙恬十分的不放心，蒙恬也因此成爲了他們的心腹大患。

在得到秦始皇掛掉的音信之前，蒙恬、扶蘇接到傳來的僞詔，一向單純的扶蘇拔劍自刎，而蒙恬不肯，便被使者逮捕並囚禁了起來。自蒙驁起，蒙氏家族世代爲秦名將。蒙恬本人爲秦國掃平群雄出生入死，屢建奇功。統一六國後，蒙恬率兵三十萬，北逐匈奴，收復河南，又負責構築長城，聲威赫赫，所以他自信無事。

蒙恬在扶蘇自殺前，一直認爲扶蘇太天真，可當災難降臨到他的頭上，他也不由得天真起來，胡亥、趙高必欲置蒙恬於死地而後快。他們派使者手持詔書，前去誅殺蒙恬。蒙恬竟天真地表示要申訴，可哪得允許，最後只得服毒自盡。蒙氏家族爲秦王朝立下了汗馬功勞，蒙恬卻落得含恨自盡，怎一個慘字了得。

蒙恬有個弟弟叫蒙毅，秦始皇在的時候非常賞識他。當然，一朝天子一朝臣，前皇帝越是喜歡的人和物，大都下場都不怎滴。蒙毅也不例外。而一向剛正不阿的蒙毅在與趙高奸臣小組的接觸當中，一直都不太給趙高他們面子。出來混江湖的，面子是

相當重要的，所以趙高準備號召手底下的小弟們對蒙毅進行制裁。

在秦國的歷史上，像趙高這樣的宦官，能夠做到郎中令這種級別的公務員，運氣什麼的當然不能爲主要原因了。半輩子混官場的經驗告訴他，處處要小心，他一邊急切的想對蒙毅進行打擊報復，另一邊又不願意親自出馬，想來想去，還得找秦二世胡亥這個董事長的關係，把責任推給上面是最安全的保全自身的辦法。

老百姓都知道一個道理：名正才能言順，胡亥登基後，雖然心眼不怎樣，但是也要追求個名正言順才能踏實，趙高利用胡亥的這一心理，對胡亥說，先帝在位時，曾打算立你爲太子，然因蒙毅一再從中作梗，所以使得先帝終於改變了主意。腦殘且兇殘的胡二世對蒙毅恨之入骨，遂下令誅殺蒙毅。

話說，天下都是皇帝你的，至於其他人，哪怕官職再大，說到底也只是個打工仔，一時間秦國人都噤若寒蟬，除掉了蒙氏哥倆，胡亥、趙高還捏造罪名，把中央郎官以上、地方郡縣守尉也被殺掉和撤換了一大批，並換上自己的親信。二世又對法律進行修改，對人民進行更加殘酷的鎮壓，一時間人人自危。

如果說僅僅是一部分非自己家族的親信反對胡亥，那也說明他的統治還有些許地方可取，可是反對秦二世胡亥的不僅僅是外姓，就連他的七大姑八大姨也反對他，其中最有代表性的是子嬰，他指出誅殺功臣是短視行爲，應該立即停止。可胡亥哪裡聽

得進去，此時懸崖勒馬這個詞對他已經沒有任何意義了。

Q 世界最豪華的墳墓

雖然胡亥濫殺功臣，起用那些沒有節操品行的人，使群臣失信、鬥士離意，但他對老爸的後事還是很上心，一直沉迷於後宮吃喝玩樂的秦始皇一生都在為自己的葬禮做準備，或許「有付出就有回報」這句話用在此時並不是非常的合適，但秦始皇對自己去世之後的規劃確實是有效果的。最直接的表現便是在他的葬禮上。

秦始皇死後三個月，按照遺囑，二世把他葬於驪山北側。那時候他的陵墓還沒有完全修好，雖然規劃了一輩子，但一輩子實在太短。或許是因為工程量過大的緣故吧，據記載，單為修建皇陵，秦始皇動用了七十多萬勞力，沒有挖土機、鏟車等大型機械的時代，耗費的人工那是相當的大！

據有關人士報導，秦始皇王陵工程量還不僅僅體現在修建上，裝修工程也是相當的壯觀。墓中設施複雜，棺槨皆用銅汁澆鑄而成。墓室規模宏大，猶如地下宮殿。其中不僅仿照秦廷議事秩序安置了百官位次，而且到處擺滿了奇珍異玩、金銀寶器，以及供君主享用的物品。

據說在秦始皇的墓室上方繪有日月星辰。地上塑有川河江海，墓中還用人魚（可能是指鯢魚）膏製成的燭照明，長年不熄。這些設施對秦朝來說，可是動用了最先進的建築藝術與技術，各種抗震設計、各種防火防盜防搶技術應有盡有，以至直到現在，秦王陵的古墓都沒有完整的被開發出來。

由於秦王陵的施工圖紙相當複雜，使得秦始皇生前未能看到它竣工。技術人員、施工班組換了一批又一批，都是身體強壯的，日夜不停的修建。秦始皇死後，未完成的工程留給了秦二世胡亥。但是屍體等不得啊，又沒有水晶棺。秦二世只得對秦皇陵突擊修建得差不多後，先把老子入土爲安。

秦始皇下葬後，工程還在繼續。直到反秦大起義的隊伍打進關中才被迫中止。秦始皇陵的設計圖紙至今都沒有找到，墓葬內那些巧妙的機關設計一直讓人感覺神秘莫測，它的規模和奢華程度都是空前絕後的。對於秦始皇葬禮的細節，史書記載的也不多。但是從秦始皇陵的規模來看，葬禮的級別也必定是空前的。

秦始皇下葬的時候，天殺的秦二世胡亥又顯示出自己的變態性殘暴，他不知道聽了哪個心理畸形的奸臣意見，下令凡沒有生育過子女的始皇后妃以及大批宮女，全部爲始皇殉葬，話說秦始皇後宮上萬，那是多少傾國傾城的美女，可惜了。人殉之前就有，但是如此規模的人殉既是空前的，也是絕後的。

壞事做盡的秦二世又怕祖墳被掘，便想了一個相當殘酷的辦法，凡是參與過皇陵修建的工匠都要隨秦始皇一起埋葬，生怕他們洩露墓室中的機密。這可能也是歷史對秦王陵的結構毫無記載的重要原因。除此之外，陪葬的殉葬物也是極多的，由於大多殉葬物都埋在周邊，因此便宜了不少勇敢的盜墓者。

經過近幾十年的考古發掘和研究，人們已對秦始皇陵有了進一步的瞭解，彌補了文獻記載的不足。有關情況大概如下介紹：

整個秦始皇陵園區占地五十六點二五平方公里，主要包括五個部分，封土、地宮、城垣、寢殿等附屬建築、陪葬坑。封土，即墳丘。它是用黃土堆積夯築，呈上小下大的方錐體狀。

據小道消息傳說，秦始皇陵原來「墳高五十餘丈（一一五米），周邊長五里餘」。經考古工作者研究，確定原封土的底部南北長五一五米，東西寬四八五米，總面積二四點九七七五萬平方米。

由於歷經兩千年的風雨侵蝕，現存封土已比原來小了很多，但高度仍在五十米以上，東西長三四五米，南北寬三百五十米，面積爲十二點零七五萬平方米。

利用遙感技術、地球物理探測技術現已確認，秦始皇陵的地宮位於封土堆地平面下三十米左右，東西長約一百七十米，南北寬約一百四十五米，呈矩形。學者在偵測過程中，發現了大範圍含量較高的汞，且強弱不等，從而驗證了《史記》中有關秦始皇陵地宮內「以水銀爲百川、江河、大海」記載的真實性。

秦始皇陵高大的封塚似一座山巒，林木蔥郁，與南面的驪山遙遙相對。墓室位於地宮中央。高十五米，東西長約八十米，南北寬約五十米，墓室周圍有一層細夯土質地的巨大宮牆，夯層厚約六至八釐米，宮牆高度爲三十米，頂端比秦代當時的地面要高。地宮內有東西兩條墓道，還有十分發達的排水系統，以保證內部的乾燥。

根據考古工作者的介紹，秦始皇陵高大的封土四周有內外兩道城垣。城垣已傾圮，目前僅存牆基。經勘測，內城和外城均呈南北向的長方形。內城南北長一三五五米，東西寬五百八十米。外城南北長二一六五米，東西寬九百四十米。內外城四面都有門，門上有闕樓，規模之宏大、耗費之奢靡堪稱世界之最。

眾多考古發現，秦始皇陵園的整個建築佈局都模擬了始皇生前居住的京城的格局，只是將他的王國從地上搬到了底下。這也恰恰說明了他強大的佔有欲。皇陵裏有象徵皇宮的地宮，也有象徵京城的宮城和外廓城。再加上地宮內具有的百官位次以及無數奇器珍怪，構成一幅「千古一帝」的理想宮城圖。

秦始皇雖然建立了不朽的文治武功，但由於科學知識有限，他一生都在尋找仙人、仙藥來延長自己的壽命，以便使自己的統治千萬年延續下去，雖然秦始皇沒有找到長生不老藥，也沒有使嬴氏家傳天下，但是地宮的一切確實過了兩千多年，在某些方面來講，地宮也成了他皇帝夢的延續，至今都未被破壞！

大秦帝國以及秦始皇的統治存在的時間並不長，但是卻創造了一項又一項的世界奇蹟。除了長城，兵馬俑作爲歷史文化的瑰寶，在一九七四年三月，被幾位打井的農民在距秦始皇陵東側一點五公里處發現，後經文物部門鑒定，這就是秦始皇陵寢的一部分，引起了中外考古界的一致震驚。

經發掘，那裏有以軍陣形式排列的兵馬俑坑三個。一號坑呈東西向的長方形，東西長兩百三十米，南北寬六十二米，面積爲一點四二六萬平方米。二號坑位於一號坑的東端北側，爲曲尺形，東西最長處一二四米，南北最寬爲九十八米，深約五米，面積約六千平方米。三號坑位於一號坑的西端北側，呈「凹」字形，東西長十七點六米，南北寬二一點四米，深四點八米，面積約五百二十平方米。

三個兵馬俑坑出土的陶俑陶馬和真人真馬大小相似，形態逼真。它們的排列是按照當時的軍陣編組的。一號坑是以戰車與步兵組合排列的長方陣；二號坑爲戰車、騎兵、步兵混合編組的曲尺形軍陣；三號坑的陶俑做儀衛式的夾道排列，是統帥一、二號坑軍隊的指揮部。一、二、三號坑構成了秦國強大軍隊的一個縮影。

軍隊作爲最主要的國家機器之一，都有明確的編制。古代軍隊的編列一般分左、

中、右三軍，古代軍隊駐紮的地方稱作「壁壘」。因而一號俑坑可視爲右軍的「壁壘」，二號俑坑爲左軍的「壁壘」，三號俑坑是指揮部。中軍坑則是個半成品，多半是因爲秦朝末年四處揭竿而起的義軍的左衝右突對這些泥人的「特殊照顧」。

秦始皇生前是製造了很多奇蹟，但是留給後人的卻都是謎團。俑坑工程在何時開始，歷史上全無記載。估計是那些記載這方面的書籍一不小心被焚書的時候一起燒掉了，也有可能記載這方面歷史的人，始皇帝特別喜歡他，只好把他一併帶走了。

對秦始皇陵兵馬俑的考古工作過程中，根據俑坑出土兵器上刻的紀年看，最早的是始皇「三年」，最晚的爲始皇「十九年」。這說明兵器放進俑坑的時間，最早不會超過始皇西元前二二八年。此距秦始皇統一中國七年，結合兵器刻辭分析，兵馬俑坑的修建工程很可能始於統一後不久。工程持續到西元前二〇九年，大約費時十年左右。

已經出土的陳列在西安城外的兵馬俑坑，成品字形排列，共出土陶俑陶馬八千件，戰車百乘以及數萬件實物兵器等。坑裏的每一件東西，不管是任務雕像還是各種手工製品，都可謂是精品中的精品。數以千計的高大兵馬俑群，其規模的宏偉、氣勢的磅礴，在中國和世界雕塑史上十分罕見。

秦始皇陵墓中的兵馬俑多姿多彩、形態逼真，充滿個性特徵的藝術形象具有經久的感人魅力。具有中國民族的獨特風格，表現了古代中國人民在藝術創造上的卓越才能。由此看來，當初被選中搞這些雕刻的工人都是精工強將，全都是本領過人的技術工，要不是國家直屬專案，單單人工工資都夠秦始皇付的。

秦皇陵的兵馬俑的拉風造型，生動地再現了秦王朝軍隊訓練有素、兵強馬壯的情景，顯示了秦王朝橫掃六合、威震天下的軍事力量及其雄偉的氣勢，在世界奇蹟評選大賽上不負眾望，最終取得第八名的好成績，經評委一致推薦被譽爲「世界第八大歷史奇蹟」。

任何光鮮的事件背後，都有它不爲人知的歷史故事，秦皇陵園外的這組兵馬俑坑也不例外，面積大不說，所用木料均爲巨大的松柏，鋪地用磚就有廿五萬餘塊。加上七千多件大型陶俑陶馬的製作。其工程量和所耗費的人力物力都是十分驚人的。由此可見在秦始皇統治的年代，他活著的時候是多麼的折騰人。

關於秦始皇的陵墓建造情況，歷史上有著種種猜測，江湖上也有著多種版本的傳聞，科技是第一生產力，沒有科技的時代就只能靠人力了。司馬遷曾一拍大腿說，修皇陵的百姓最起碼七十萬！看來這個數字一點都不假。

很可惜，歷史不是由秦始皇主宰的，更不是他所能左右得了的，他的好大喜功、奢靡淫欲爲秦帝國滅亡埋下了隱患，秦末時反覆傳唱秦國即將滅亡的童謠，開始在民

間廣爲流傳起來。

Q 超級敗家子

秦始皇是被孩子們的童謠給唱死了，但是沒有想到的是，「嬴老大」後還有「嬴老二」，繼秦始皇坐天下的二世胡亥，在大興土木、榨取勞動人民血汗和恣肆揮霍、窮奢極欲方面，絲毫不比乃父遜色。他除了繼續建造秦始皇陵，還不停地興建秦始皇統治時期未竣工的阿房宮，真讓人感嘆胡亥的不識時務。

除了蓋房子，胡亥最喜歡的就是遊獵了。這老大行事相當大氣，抬手一紙公文蓋了個公章，就調了五萬步兵過去專門幫他養寵物！養完了就殺。佛家有云，自養者，不殺不食。這叫罪孽，罪孽深重則不可活。秦二世的殘暴性格大大的加速了秦朝的滅亡。

爲了練習射獵，胡亥派人豢養大量狗馬禽獸，簡直就是真人版的魔獸世界！他甚至還下令，一般人不得食用咸陽周圍三百里內的糧食，以專門供給射獵士兵和禽獸。同時，他又向各郡縣徵發糧草，並規定輸送人員要自備乾糧。由於路途艱難，加上饑餓勞累，役夫傷亡不可勝數。

如果說秦始皇嬴政還算是個英雄的話，多少他還算有點功勞，畢竟是他開創了多民族的封建統一時代，爲中華民族的統一大業作出了歷史的榜樣，他完成了從一名分封諸侯王到一統國家的封建皇帝的過程，最終通過自己的智慧與雙手成爲了名副其實的「富一代」、「官一代」，創業之路相當的艱辛。

相對於秦始皇來說，胡亥就是一名副其實的「富二代」、「官二代」，本身有這兩重優勢，幹點兒啥不行啊，他非得去謀權篡位，並且還有一套自己的敗家理論，他曾說過時間過得快，人生短促，作爲人應該及時行樂才對，這種典型急功近利的極端腐朽的世界觀，在他這裏得到了「完美」的體現。

第一把手不行，副手能力可以的話，社稷也能保存。比起昏庸而貪婪的二世胡亥，丞相李斯還有一定的政治眼光和統治經驗。他見二世驕奢無度，秦王朝岌岌可危，幾次勸諫，可二世從來不聽。時間長了，固執的二世胡亥也是相當的煩躁，便拿「天下是自己家」之類的話來堵李斯的嘴！

李斯這個人，前面咱談過，經歷坎坷，老謀深算，算得上是人中狐狸，而且深居官場的他，素來小心謹慎，生怕一句話說錯就丟了來之不易的金飯碗，甚至招來殺身之禍。看到二世頑固不化，他也就只好順著老闆的意思諂媚取容了，誰讓人家在合同關係裏是甲方呢。

爲了討好秦二世胡亥，李斯厚著臉皮、昧著良心提出了一套「督責之術」。簡單地說，就是嚴刑酷法加上君主的獨斷專行。李斯主張用「輕罪重罰」的辦法來鎭壓臣下和百姓，使他們不敢輕舉妄動。同時，君主還要獨攬大權，駕馭群臣，而不能被臣下所影響。這樣，君主就可以隨心所欲了，這正中了秦二世領導人的下懷。

「法」、「術」、「勢」本爲先秦法家所提倡和強調的東西，並不新鮮。但先秦法家在肯定嚴刑峻法的同時，還注重「獎賞」，宣導的是「賞罰並用」；在突出君主權威的同時，還力主對君權有所節制。而李斯的「督責說」，顯然對先秦法家學說做了不合理的揚棄，尤其是對其中一些致命的弱點做了大肆發揮。

雖然大多數人都對李斯所謂的「督責」感到不齒，但秦二世胡亥對這種極端獨裁專斷的統治思想深以爲然。「於是行督責益嚴」，凡對人民壓榨得酷烈者，就嘉許爲「明吏」；殺人多者，就稱之以「忠臣」。結果使「刑者相半（伴）於道，而死人日成積於市」，秦國社會陷入了白色恐怖之中。

胡亥即位後，雖然他是大老闆，但是在權力的執行上，很多要依靠趙高、李斯二人，他們倆也掌握著當年他篡位的把柄，三個人就這樣因互相利用而聯合了起來。

這種「三角關係」在秦始皇時期便形成過，由於權力和利益再分配上的不平均，他們之間常常勾心鬥角。

秦國結束篇

夢想的完結

趙高原來好歹也是王族人士，戰國時期，戰敗的趙國一家老小，遠親近鄰被迫做了俘虜，然後被扔進集裝箱就去了秦國。苦難的遭遇加上仇家的迫害，趙高作爲老媽出軌後的「野種」被殘忍地處以宮刑，命運也是相當坎坷。從一出生就是個錯誤，而他把這種錯誤全部轉嫁到了歷史上。

一則偶然的招聘啓事改變了趙高一生的命運。有一天，秦始皇在宮中遇到了趙高，見他相貌出眾、身材高大、力量過人，完全不同於其他的娘娘腔的太監，很是喜歡。人的一生有一次好的機會並且能把握住就很不錯了，趙高遇到這樣天上掉下的餡餅，自然是歡喜異常，但城府極深的他沒有表露於外。

趙高就這樣在始皇帝欽點的待遇下做了中車府令，開始爲秦高層領導服務，做了集團公司的車隊隊長，專門管理車馬。

在服侍始皇帝的過程中，好學的趙高又學了點「獄法」，考了個教師資格證，便又意外的當上了公子胡亥的老師。從此一路平步青雲，經過「沙丘之變」後，逐漸成爲執掌秦王朝大權的重要人物之一。

做了宮廷警衛連連長郎中令之後，所有大臣的進出均受到他的控制，趙高的權力也越來越大。但是他自知自己是個「野種」，從小姥姥不疼外婆不愛的，在朝廷中又結怨甚廣，有身體缺陷的他，心理上也有點小小的變態。常常疑神疑鬼，並且十分懼

怕大臣們在秦二世面前說自己的壞話，這就是典型的人格分裂症。

胡亥繼位後，趙高根據對胡亥的瞭解，找了機會對胡亥說：

「現在陛下年少即位，若與大臣議事出點差錯，朝臣們就會輕視您。不如由我在廷上與朝臣們議事，然後報告給您。這樣您就不會在大臣面前有什麼過失。他們也就會把您當作英明聖主了。」

秦二世本來就是不學無術、專業敗家的富二代，想都不想就同意了。

從各種資料分析，或許胡亥的智商就相當於腦癱患兒的水準，就連趙高替他管理政事的請求他都同意了，這本身就是個非常腦殘的錯誤。若是在秦始皇時期，趙高是萬萬不敢提此要求的，但是他深知，胡亥和始皇帝不一樣，二世並沒有像始皇帝一樣對權力的控制欲，只要滿足他的生活娛樂，別的怎麼樣都成。

趙高代爲執政的意見批下來後，他就越來越囂張了，他不但控制著秦二世，獨攬了朝政，宮中大大小小的事也都由他定奪。這樣一來，本來相互制約的三角關係立刻就失去了三角形固有的穩定性，立即有利的向趙高一方傾斜。很快，李斯和趙國之間就發生了不可調和的矛盾。

李斯作爲丞相，看到老板胡亥和自己都被前盟友趙高架空，所以對趙高的做法相當的不滿，而趙高也覺得李斯在朝中心腹眾多，將李斯視爲眼中釘、肉中刺，總想找個機會弄死他，兩人便明爭暗鬥的死掐了起來。皇天不負有心人，終於有一天，趙高找到了陷害李斯的機會。

秦二世統治的某一天，藍藍的天空中飄著白雲，天氣非常好。趙高一本正經的對李斯說：「今天天氣不錯啊！」李斯答道：「確實不錯。」然後趙高就進入了正題：「現在農民起義的形勢很緊張，皇上卻還屢屢徵發人力大修阿房宮，無休止地搜集天下玩好之物。我想進諫，但我地位卑賤，實在有些不方便。你爲什麼不進諫呢？」

老奸巨猾的李斯聽到趙高求自己向胡亥進諫，或許作爲丞相的他，早就對秦二世終日深處宮中、驕奢淫逸而不問政事感到憂心忡忡。現在趙高邀他進諫，暫時大腦短路的李斯不知是計，就說：「我早想進諫，可是皇上不上朝，得不到進言的機會啊！」趙高說：「你若真想進諫的話，我給你尋找機會，到時通知你。」

想在秦二世胡亥那兒進諫是非常困難的，精力旺盛的胡亥整日身居後宮與嬪妃們淫樂，無暇於政事，而趙高與李斯約定好的機會，恰逢大老板胡亥興致高漲的時候，那時候哪裡刹得住車？如此連續N次，暴戾的秦二世終於Hold不住了，他懷疑李斯是故意給他難堪，就對李斯產生怨恨。

趙高針對李斯的陰謀終於奏效，在多次看到胡亥對李斯發脾氣後，他爲了置李斯於死地，還不忘在原定的計畫火上澆油，話說得簡直是一擊致命：「丞相參與了『沙

丘之謀』，現在陛下做了皇帝，李斯的地位並沒有提高，所以他想裂土封王，希望陛下小心李斯這種奸臣的不軌行為。」胡亥一聽，臉上立即露出震驚之色。

善於察言觀色的趙高看到自己誣告李斯謀反後，老板胡亥氣得臉都綠了，然後又接著忽悠：「李斯長子李由任三川郡（今河南境內，靈寶以東一帶）守。陳勝的軍隊過三川，李由不肯出擊。聽說李斯父子與陳勝之間還有文書往來，我因為沒有拿到實證，所以一直沒敢奏報。再說，丞相在外邊的權力可比陛下還要大啊！」

任何情況下，當老闆的一看到底下人想謀反，那是如何都忍不住的，更何況是想家傳天下的秦二世呢？聽到趙高提到陳勝和李斯有勾搭後，他立刻派出了情報部門的精英，對李斯展開了調查。李斯這個時候才感到事情不妙，便立即上書秦二世，揭發趙高的劣跡，並且建議除掉趙高。

俗話說得好：「常在江湖飄，哪能不挨刀」「常在河邊走，哪能不濕鞋」？當然，這些話和當下這件事沒什麼邏輯關係，現在的這種情況是，「先下手為強，後下手遭殃」，先出手的趙高已經占盡了先機，他對李斯的誣告已經讓胡亥對李斯產生了懷疑，等李斯再去揭發趙高，想置之死地而後生顯然是不可能的了！

秦二世都能把政事交給趙高去處理，充分證明了他對趙高的信任，而李斯在這個當口反過來告狀，被認為是誣告趙高，離間君臣關係也是很正常的。本來呢，幾個人之間還有一層窗戶紙沒有捅破，而現在既然撕破了臉皮，誰也不會顧及另一方的面子了。二世下令逮捕了李斯，即日公開審訊。

李斯倒楣入獄，更倒楣的還有另外一個丞相馮去疾和將軍馮劫，不知爲何，這倆人竟被李斯案牽連。入獄之後，馮去疾、馮劫倆人在獄中憤然自殺，既然不是主角，導演也就沒有必要讓他們一直存在下去，編劇也總是會想方設法的把他們寫死。而天真的男主角李斯還對秦二世抱有一絲希望，等待著皇上的裁決。

要不怎說李斯天真呢，他身在獄中，趙高在外。趙老闆肯定想了N種可以讓他破產的辦法，就等著他簽字畫押了。

果真，在提審李斯時，胡亥沒有派出專業的司法人員，沒有動用什麼測謊儀器，也沒有請什麼心理專家去分析李斯的心理，只是派趙高去審李斯，讓對頭趙高審問，這可要了李斯的命了。

胡亥對李斯的處置很簡單，就是派趙高去審他。而趙高對李斯的辦法更簡單，就是嚴刑逼供，用李斯自己發明出來的刑具對付他自己，果真是應了一句話：出來混，遲早要還的。趙高逼迫李斯承認謀反罪行，李斯經不住酷刑的折磨，承認了趙高的指控。可他仍存一絲僥倖的心理，在獄中向二世上書，希望得到寬赦。

趙高沒有給李斯任何翻供的機會，初審是他本人，二審是他的人，總之，非得

逼得李斯承認自己謀反才肯甘休。文人出身的李斯經不住各種大刑伺候，最終在二世派來的審訊人員面前承認了自己有謀反之罪。秦二世二十二年（西元前二〇八年）七月，李斯在咸陽市當眾腰斬，其宗族也被全部誅滅。

李斯雖然後半輩子活得有點窩囊，而且在秦帝國關鍵時刻沒能把握好自己的政治立場，導致晚節不保令人嘆息，但是他對大秦王朝的貢獻卻是不能磨滅的。他在文字、律法以及輔佐秦始皇建立統一的中央集權國家的過程中，十分賣力，也是秦始皇身邊具有政治見解的大臣之一。

李斯的性格弱點注定了他悲劇的一生，他貪圖祿位，缺乏氣節，在專制政治的漩渦中不敢堅持自己的見解，甘願與昏君佞臣沆瀣一氣。最後不僅毀掉了自己前半生的功業，還在權力的角逐中喪生。李斯被趙高整死了，當我們去翻看這個人的歷史時，都不知道該把他當做忠臣還是奸臣了。

所謂性格決定命運，李斯一生中做出的貢獻顯然是不能磨滅的，但他因妒忌而殺韓非，爲富貴和趙國合謀力挺胡亥非法繼承帝位，讓他的人生染上了污點，這都是性格使然，他不堅持立場的性格最終害了他，綜合看來，他是被專制政治和昏君奸佞所殺，也是爲自己喪失節操所害。

原來的兩個丞相都被趙高玩死後，秦二世便即刻找人正式對趙高下了聘書，聘請他爲大秦王朝的丞相。由於他是太監的原因，他可以出入內宮，因此被稱爲「中丞相」，歷史上，太監考上公務員然後平步青雲，最終官至丞相的也沒有第二人了吧！趙高也算是個奇蹟了，在這方面，應該爲他建立一項金氏紀錄。

趙高當上丞相之後，一方面權力越來越大，另一方面，代替秦二世處理政事也名正言順起來，朝中對他也是充滿了畏懼，在他面前都是小心翼翼，唯恐說錯一句話，做錯一件事，腦袋就會搬家，對於趙高認定的事，也沒有人敢說不字。從此，由秦始皇一手開創的秦國政治體系徹底改變爲趙高獨裁統治，國家危在旦夕。

當上丞相的趙高仍然不滿足，他甚至想把天下改姓趙，關於這點，他確實是有點兒想不開了，身爲太監，膝下又無子女，即便是得了天下，等到他駕鶴西去之後，江山留給誰？難不成還指望他把世襲制變回禪讓制，或者是民主選舉制？即便如此，有理想有追求的他還是爲當皇帝做了不少努力。

趙高爲了爭取取代胡亥成爲新的皇帝在積極準備著，首先，他利用手中的權力和在胡亥身邊的影響力，順利地安排親信控制了中央的要害部門。他任命女婿閻樂爲咸陽令，弟弟趙成爲郎中令，掌握了京師和皇宮的衛隊。爭奪帝位，事關國本，必須有大多數的大臣同意才能施行，隨後他開始試探群臣的意向。

秦二世三年（西元前二〇七年）八月的一天，豔陽高照，太陽火辣辣的照著趙高被權力欲占盡的內心。此時的趙高內心，的確是火辣辣地，因爲他要做一件永載史冊的荒唐事，當天他當著群臣的面，獻給秦二世一頭鹿，卻說那是馬。二世一看，笑著說：「丞相錯了，怎麼把鹿說成是馬呢？」但趙高堅持說是馬。

趙高獻鹿而說成是馬這件事，讓秦二世在朝堂之上玩起了遊戲，他徵求大臣們的意見，問左右文武百官到底是鹿還是馬。結果，有的回答是鹿，有的爲了阿諛奉承趙高，回答是馬，還有的則沉默不語。事後，趙高對言鹿者一一加以陷害。這個時期當個官兒還真是件很憋屈的事兒。從此，群臣都開始修煉啞口無言大法。

「指鹿爲馬」之後，趙高幾乎對朝廷擁有了絕對的控制權，他的皇帝夢也越來越近。萬事俱備只欠東風，但這股東風一直沒吹來，反而吹來了項羽、劉邦。正當趙高忙於做篡位準備時，劉邦、項羽率領的起義軍已席捲關東，並向關中進軍。項羽壓根兒沒把秦二世等人放在眼裏，已經和劉邦商量起了誰當關中王的事了！

當劉邦部隊攻至武關的消息傳到咸陽宮內，秦二世如夢初醒。他急忙派人去找趙高商量對策。見風使舵的趙高知道大勢已去，於是當機立斷，下令動手除掉二世。趙高讓弟弟趙成做內應，女婿閻樂率領屬部攻打二世居住的望夷宮。行動之前，狡詐而又心狠手辣的趙高怕女婿有變，悄悄地將閻樂之母扣爲人質。

閻樂很順利地打進了望夷宮，抓獲秦二世。糊塗的胡亥請求面見趙高。閻樂不答應，要他死，秦二世就請求封給他一個郡，讓他做一個郡王，閻樂也不答應。二世又表示自己只要當一個萬戶侯，閻樂仍不准。無奈之下，二世最後請求讓他與皇后去當普通的老百姓，閻樂再次予以拒絕。走投無路的秦二世只得被迫自盡。

秦二世一死，一心想當皇帝的趙高就把玉璽佩戴在自己身上過把皇帝癮。文武百官見壞小子趙高居然囂張的戴上了玉璽，按捺不住的在朝堂上議論起來。趙高也知道民心所向這個詞，無奈之下，他只好再安排顆棋子在皇帝的龍椅上，而這個時候的最佳人選，便是二世的侄子——子嬰。

趙高處心積慮、忍辱負重多年，雖然控制了國家大權，卻由於身體缺陷問題自己做不了皇帝，按照他的性格，他自然也不想讓別人做的舒服。他告訴子嬰，只能稱王，不能稱帝。理由是，如今秦朝的地盤越來越小，眼看又形成了六國爭霸的局面，皇帝叫起來也沒什麼勁。子嬰只好做了秦王，而不是秦三世。

原本子嬰作爲胡亥之後的秦帝國第三位皇帝，應稱秦三世才對，可趙高不讓子嬰稱帝，他不讓子嬰稱帝的理由在某些方面也是成立的。當時，在席捲而來的秦末大起義浪潮中，一些人紛紛打出原來的六國旗號自立。比如楚霸王等等，秦二世胡亥被逼自殺時，號稱朝廷的秦王朝已經完全喪失了對關東的控制。

雖然趙高不讓子嬰稱帝，但是稱王也要有王的樣子。爲了能讓子嬰的繼位合理、

合法、體面，他專門爲子嬰安排了授璽儀式，並通知子嬰去參加。而子嬰比胡二世強多了，他早就痛恨趙高竊取秦王朝的權柄，這時又聽說趙高暗中派人與劉邦聯繫，想在關中自立爲王，就決心除掉趙高。

子嬰與兒子商議，準備不去宗廟，誘使趙高上門，然後將其殺死。有計劃就有希望，果真事情的發展都在計畫預料之中，回去催促子嬰的趙高被伏兵亂劍刺死，出來混，遲早要還的。無論如何，從某些方面來講，趙高這輩子也算是賺到了。殺了趙高的子嬰還不解氣，他又下令誅滅了趙高三族，並將他們曝屍街頭。

奸臣雖然被除掉了，但是仍然阻止不了秦朝滅亡的趨勢。反秦義軍兵臨城下，子嬰毫無抵抗能力。於是在稱王四十六天之後，乖乖的投降了，撿到大便宜的不是劉邦流氓集團還有誰？西元前二〇六年冬，秦王朝自此徹底垮臺了，歷時十五年，至於楚漢爭霸，以至後來的劉邦立漢又是後話了。

秦國結束篇

夢想的完結

＊微歷史大事記＊

西元前二一〇年　秦始皇出巡死於途中

西元前二一〇年　公子扶蘇自殺

西元前二〇九年　秦始皇的兒子胡亥繼位，稱秦二世

西元前二〇八年　李斯被趙高陷害

西元前二〇六年　胡亥殺掉二世胡亥，擁立子嬰繼位

西元前二〇六年　子嬰繼位五天後，設計殺死趙高

西元前二〇六年冬　秦國滅亡

秦朝其實很有趣

作者：丁振宇
出版者：風雲時代出版股份有限公司
出版所：風雲時代出版股份有限公司
地址：105台北市民生東路五段178號7樓之3
風雲書網：http://www.eastbooks.com.tw
官方部落格：http://eastbooks.pixnet.net/blog
Facebook：http://www.facebook.com/h7560949
信箱：h7560949@ms15.hinet.net
郵撥帳號：12043291
服務專線：(02)27560949
傳真專線：(02)27653799
執行主編：朱墨菲
美術編輯：許芷姍
法律顧問：永然法律事務所 李永然律師
北辰著作權事務所 蕭雄淋律師
版權授權：南京快樂文化傳播有限公司

初版日期：2013年5月
ISBN：978-986-146-643-9

總經銷：富育國際股份有限公司
地　址：台北縣新店市中正路四維巷二弄2號4樓
電　話：(02)2219-2068

行政院新聞局局版台業字第3595號 營利事業統一編號22759935

國家圖書館出版品預行編目資料

秦朝其實很有趣／丁振宇著.-- 初版.
臺北市：風雲時代，2013.01 -- 面；公分

ISBN 978-986-146-643-9（平裝）

1. 秦史　2. 通俗史話

621.9　　102000570

原價：280元
限量特惠價：199元